イラストで サクッと わかる！

認知バイアス

監修　池田まさみ　森 津太子　高比良美詠子　宮本康司

プレジデント社

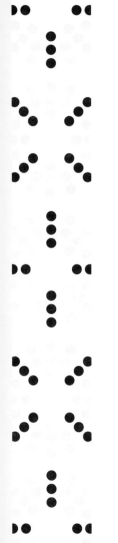

あなたの心にも潜んでいる「認知バイアス」

最近、本やウェブサイトなどで「認知バイアス」という言葉をよく見かけるようになりました。ちょっと大袈裟かもしれませんが、空前の認知バイアス・ブーム到来!?と言ってもよいかもしれません。この背景には、「認知バイアスを知っておくことが、何か役に立つのでは?」というみなさんの期待が関係しているのではないでしょうか。

はじめに
- 監修のことば -

身近な人間関係をめぐる問題から、ニュースに取り上げられるような社会問題、または事故や災害、犯罪など、現代社会にはさまざまなトラブルがあふれています。認知バイアスを知ることで、このようなトラブルに「どうすればうまく対処できるか?」「どうすれば未然に防げるか?」のヒントを得ることができるかもしれません。

認知バイアスの「認知」とは、記憶や選択、判断など人間の思考に関わる心の働きのことを指します。「バイアス」は歪みや偏りのことなので、認知バイアスは「思考の偏り」という意味になります。このような思考の偏り、すなわち思い込みや偏見は「無意識」のうちに生じます。

認知バイアスは、本書の中で紹介しているように、さまざまな場面でさまざまな
パターンで現れますが、自分では認知バイアスが起きていることになかなか気づく
ことができません。しかし、どんな場面でどんな認知バイアスが生じるかをあらかじ
め知っておくと、自分の心の中に潜んでいる認知バイアスに「気づく」機会も増
えると思います。

　本書では、日常における認知バイアスの「あるある」をイラストやクイズでわか
りやすく紹介すると同時に、エビデンスとして、そのバイアスに関する実験や調査
をできるだけ忠実に説明しました。認知バイアスを初めて学ぶ人にも、楽しくかつ
本格的な知識が身につく一冊になっていると思います。この本との出合いがみな
さんの仕事や生活に役立てば幸いです。

池田まさみ　森 津太子　高比良美詠子　宮本康司

認知バイアスは
日常にあふれている

「自分は大丈夫」は
バイアスです

普段の生活の中では、仕事などあらゆる場面に、さまざまな認知バイアスが潜んでいます。「私は客観性があるほうだから」「いつも合理的に考えているから」などと、「自分は大丈夫」と考えている人もいるかもしれません。しかし、その思い込み自体が、もう「認知バイアス」なのです。

それ全部、認知バイアスかも!?

認知バイアスは
こんなふうに生じる

ラクするために
脳は近道を選ぶ

何かを判断したり決定したりする際、私たちは知らず知らずのうちにじっくり考えるプロセスをショートカットしていることがあります。たとえば、自分に都合のいい情報だけを取り入れたり、無関係な情報に影響されたりすると、認知に歪みが生じます。これが「認知バイアス」です。つまり、脳が情報処理の負荷を減らすために発生してしまう不具合とも言えます。

認知バイアスには
よいことも悪いこともある

心が安定する一方で
誤解が生じることも

認知バイアスというとネガティブなイメージを持たれがちですが、実は心を安定させる役割もあります。認知バイアスがあることで不安や落ち込みを防いだり、自己肯定感の向上につながったりします。その一方で、重要な場面で判断を誤ったり、他者との間に認識のズレが生じ、不要な誤解や衝突が起こったりすることもあります。

認知バイアスには心を安定させる役割がある

（いろいろあるけど）
きっとうまくいく！

認知バイアスによって誤解が生じることもある

（こんな見た目の人とは）
気が合わないだろう

認知バイアスで失敗しない方法

① 思考のクセを知る　　② 自分と他者の認識のズレを意識する　　③ 判断を急がない

認知バイアスとうまくつき合うために

「自分は大丈夫」を疑ってみる

認知バイアスを完全になくすことはできません。しかし、
①人間には共通する"思考のクセ"があることを知る、
②自分と他者の双方の視点から考えることで"認識のズレ"
を意識する、③重要な決定をするときは"判断を急がず"
根拠となる情報を探す習慣をつける、といったことで、認知
バイアスとうまくつき合うことができるようになります。

バイアスが起こりやすい6つの場面

記憶を思い出すとき

『 確か、そうだったはず 』

何かを思い出そうとするとき、自分でも気づか
ないうちに記憶が変わっていることがあります。

▶ 詳しくは **P.15** から!

推定するとき

『 多分、こうだよね 』

数を見積もったり、確率を予想したりするとき、
手近な情報に左右されることがあります。

▶ 詳しくは **P.49** から!

選択するとき

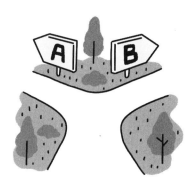

『 選ぶなら、こっち 』

何かを選んだり、決断したりするとき、
合理的ではない選択をすることがあります。

▶ 詳しくは **P.93** から!

どんな認知バイアスが、どのような状況で起こるのかを知ることで、認知バイアスとうまくつき合うことができます。この本では、認知バイアスが起こりやすい場面を6つに分けて、全80種類を紹介しています。

信念があるとき

『 絶対、こうに違いない 』

自分が「こうだ」と信じているときには、ほかの視点から物事が見えなくなることがあります。

▶ 詳しくは **P.127** から!

因果を考えるとき

『 きっと、これのせい 』

出来事の原因を考えるとき、都合よく何かのせいにすることがあります。

▶ 詳しくは **P.155** から!

真偽を考えるとき

『 やっぱり、思った通り 』

真偽を確かめるときには、自分の予想や期待に沿った情報に目を向けがちです。

▶ 詳しくは **P.171** から!

※バイアスの中には複数の場面で起こるものがあります。この本での分類はあくまで大枠になります。

CONTENTS

第 1 章

確か、そうだったはず

記憶 に関連するバイアス

第 2 章

多分、こうだよね

推定 に関連するバイアス

もくじ

第 3 章

選ぶなら、こっち

選択 に関連するバイアス

第 4 章

絶対、こうに違いない

信念 に関連するバイアス

第 5 章

きっと、これのせい

因果 に関連するバイアス

やっぱり、思った通り

第 6 章

真偽 に関連するバイアス

コラム　認知バイアス人物ファイル

表紙・本文デザイン／俵 拓也、石原 環（俵社）　表紙・本文イラスト／ナカオテッペイ
本文デザイン・DTP／茂呂田 剛、畑山栄美子（エムアンドケイ）
校正／くすのき舎　編集協力／岡 未来

第

1

章

MEMORY

確か、そうだったはず

記憶
に関連する
バイアス

どんなに記憶力がいい人でも、すべての事実を
正確に覚えてはいないでしょう。自分の都合や
結果に合わせて記憶を書き換えたり、過去を美
化したりと、記憶にはさまざまな認知バイアスが
潜んでいます。

見たことがないのに見た気がする

虚記憶

考えてみよう **?**

次の単語を10秒以内で覚えてください。

挨拶　　おじぎ　　エチケット　　正しい

守る　　大切　　道徳　　かた苦しい

茶道　　必要　　作法　　しつけ　　丁寧

先生　　正しさ

覚えたらこのページを見ないようにして、
右ページに進んでください。

▷ 経験した気がするニセの記憶

　左のページに「礼儀」という単語はあったでしょうか？

　実は「礼儀」という単語は左ページにないのですが、「あった気がする」と思った人もいるでしょう。提示された単語がどれも「礼儀」に関連するものなので、自分では気づかないうちにすでに持っている知識と結びついて、「礼儀」という単語があったように感じたのです[*1]。

　私たちは「見たこと」「聞いたこと」をそのまま記憶しているわけではなく、**実際には経験していない出来事を、あたかも経験したかのように思い込んでいる**ことがあります。これを「虚記憶（フォールスメモリ）」と言います。

▷ 記憶は書き換えられる

　心理学者エリザベス・ロフタスの実験では、まず参加者の家族から、参加者が子どもの頃に体験したエピソードを聞き取りました。のちに、それらのエピソードの中に「ショッピングモールで迷子になったことがある」という、実際にはなかったウソ（架空）のエピソードも混ぜて参加者に提示しました。その後、参加者に子どもの頃の体験を思い出してもらったところ、何人かはあたかも実際に体験したことのように、そのウソのエピソードについても語り出したのです[*2]。

　人は**誘導されることによって、実際に起きていないことを、まるで体験したことのように思い出す**ことがあります。

そういえば子どもの頃、ショッピングモールで迷子になったことが…

誘導の仕方しだいで、記憶は書き換えられることがあります。

🔗 関連する認知バイアス

イマジネーション膨張

誘導されるだけではなく、ある出来事をくり返しイメージしているうちに、その出来事と実体験を区別できなくなってしまうこともあります。この現象は「イマジネーション膨張」と呼ばれます[*3]。

記憶
MEMORY

気分一致効果

気分によって思い出すことは変わる

楽しい気分のときには、自然と明るい音楽が頭の中に
流れたり、楽しかった過去の出来事が思い出されたりし
ます。反対に、気分が滅入っているときには、自然と
暗い音楽が頭の中に流れたり、つらかった過去の出来
事が思い出されたりします。

▷ 気分と一致する記憶を連鎖的に思い出す

下のイラストのように、**そのときに感じている気分と一致する記憶が連鎖的に思い出される現象**を、「気分一致効果」と言います[1]。楽しい気分のときはよいのですが、へこんでいるときには、さらに気分が落ち込んでしまう可能性があります。

今日は
トラブル続きだな…

この前ミスしたときは
部長にガッツリ叱られたな…

▷ 気分によって判断や行動も変わる

気分一致効果は、**ものごとに対する判断や、人に対する印象、注意の向きやすさ**などにも見られます。たとえば、明るい気分のときには、将来の進路について前向きな判断をしたり、出会った人に対して好印象を持ったりします。また、明るいニュースなどポジティブな情報に注意が向きやすくなります。

反対に暗い気分のときには、上記とは逆のことが生じます。後ろ向きな判断をしたり、相手に悪い印象を持ったり、ネガティブな情報に目が行きやすくなったりするのです。

🔗 関連する認知バイアス

状態依存効果

記憶している内容が何であれ、覚えたときと同じ状態や状況になると、その内容を思い出すことを、「状態依存効果」と言います。つまり、状態や状況が思い出す手がかりとなります[2]。

記 憶

MEMORY

事後情報効果

考えて
みよう

右のイラストを10秒ほど
見てください。

見終わったらこのページを見ないようにして、
右ページに進んでください。

▷ フロントガラスは割れていたか？

　左のイラストを見ずに答えてください。ガードレールに激突した車は、時速何kmくらいで走っていたと思いますか？

　心理学者エリザベス・ロフタスの実験では、参加者に自動車事故の映像を見せたあと、同じように速度に関する質問をしました。このとき、参加者を複数のグループに分け、「激突した」をさまざまな言葉に換えて質問をしたところ、**時速を最も速く見積もったのは、「激突した」という言葉で尋ねられた参加者**でした。その後は「衝突した」「当たった」「ぶつかった」「接触した」の順に、見積もる速度が遅くなっていったのです。この実験の1週間後、同じ参加者に今度は「フロントガラスは割れていましたか？」と尋ねました。すると、「割れていた」と答えた率は、1週間前に「ぶつかった」という言葉で尋ねられたグループでは14％だったのに対して、「激突した」という言葉で尋ねられたグループでは32％に上りました[1]。

▷ 目撃証言は正しいとは限らない

　ある出来事を実際に目撃したとしても、あとからその出来事に関連したほかの情報に接すると、**その情報に影響されてオリジナルの記憶が変わってしまう**ことがあります。上記の実験のように、「激突した」という言葉で尋ねられたことで、「きっとフロントガラスも割れていたに違いない」と思ってしまうような現象を「事後情報効果」と言います。

激突したんだよな……

激突、衝突、接触など、その情報を聞いたときの言葉が記憶に影響します。

🖥 認知バイアスこぼれ話

イノセンス・プロジェクト

無実の罪で収監されることになった原因の中でも多いのが「誤った目撃証言」だとされています。その中には事件とは関係ないところで見た顔を、確かに事件現場で見たように思い込んでいたケースがあり、これは「ソース・モニタリング・エラー」（P.41）が関係しています。アメリカでは冤罪を証明する目的で、法学者が1992年に「イノセンス・プロジェクト」を立ち上げています。

記 憶

MEMORY

昔はよかった

バラ色の回顧

考えて
？
みよう

学生時代と今、どちらが幸せですか？

A　　学生時代

B　　今

C　　どちらも変わらない

学生時代と、社会人になった現在の自分の姿。
どちらの状況を幸せに感じるでしょうか？

▷ バラ色の眼鏡で過去を見ている？

左ページの問いに対して、「学生時代のほうが幸せ」と考えた人が多いのではないでしょうか？

英語に「バラ色の眼鏡を通して見る（look at 〜 through rose-colored glasses）」という表現があります。**「昔はよかった」と感じるのは、まさにバラ色の眼鏡を通して過去を見ているようなもの。** そのように過去を美化するバイアスは「バラ色の回顧」と呼ばれています。

過ぎ去った時代を懐かしむ「ノスタルジア」も、部分的にはこの認知バイアスによるものと考えられています。

学生時代の恋人との思い出は、いいことばかり……？

▷ ガッカリした感情は薄れやすい

ある研究では、「ヨーロッパへの旅行」「感謝祭の休暇」「カリフォルニアでの3週間の自転車旅行」という異なる休暇を取った人たちに、休暇前／休暇中／休暇後にアンケートを行い、事前、最中、事後それぞれにおいて、どのような気分かを評価・記述してもらいました。

すると、**休暇前は楽しいだろうと期待していた人は、休暇中にガッカリするような出来事があっても、休暇のあとで思い出してもらうと、「いい休暇だった」と評価しました**[1]。

バラ色の回顧は、期待と現実との間に不一致が生じても、ガッカリした感情は薄れやすくなるという「情動減衰バイアス」（下の「関連する認知バイアス」参照）が働くことで起きるとされます。

⌘ 関連する認知バイアス

情動減衰バイアス

バラ色の回顧という心理現象が起こるのは、それが人間にとって必要なことだからです。ネガティブな出来事によって生じる感情は、ポジティブな出来事によって生じる感情に比べて薄れやすいことがわかっており、これを「情動減衰バイアス」と言います。そうしたつらい過去の経験による心の負担を軽減する防衛システムがなければ、イヤな思い出がいつまでも消えずに残ってしまうことになります。まさに、バラ色の回顧はそうした「心の仕組み」によって生じるものなのです[2]。

完了したことほど忘れやすい

ツァイガルニック効果

やりかけの仕事ほど覚えている

がんばって企画書をつくっている最中には、資料の細かい数字まで覚えていたりします。しかし、企画書を提出したとたんに、詳細をすっかり忘れてしまうことがあります。

前年比の売上は、A店は25%増で、
B店は12%減だったな。
よし、〇〇を導入してコストを…

ブッブッ

「やらなかったこと」は後悔しやすい

ある実験で、これまでの人生で後悔したことを参加者に尋ねたところ、「やったことに対する後悔」が16％、「やらなかったことに対する後悔」が84％という結果になりました[2]。「やらなかったことに対する後悔」をよく覚えているのは、ツァイガルニック効果も影響していると考えられます。

A店とB店の売上って前年比でどれくらい？

え！？…えーっと？

▷ 1日の終わりに思い出す仕事は？

仕事帰りに、その日の仕事を思い出してみてください。まず思い出すのは、終わっていない仕事ではないでしょうか？

完了した課題よりも、未完了の課題のほうが記憶に残りやすいことは、実験でも明らかになっています。この実験の参加者は、箱の組み立てやパズルなど、20種類程度の課題を行うように指示されました。このうちの半数の課題は完了してから次の課題に進むように、もう半数の課題は未完了のまま次の課題に進むように誘導されました。そして実験の最後に、どんな課題があったかを参加者に思い出してもらったところ、完了した課題よりも、未完了の課題を約2倍多く思い出したのです[1]。この現象は、研究者の名前にちなんで、「ツァイガルニック効果」と呼ばれています。

▷ 未完了の仕事を思い出しやすいワケ

課題に取り組んでいる間は緊張が続き、課題のことをいつも気にかけている状態です。また、人には「曖昧さを避けて確実な状態にしたい」という欲求があるため、課題が未完了のままだとスッキリしない気持ちが残ります。このような気持ちや緊張状態が続いている間は、自分が取り組んでいる課題の内容を比較的スムーズに思い出せます。

しかし、課題が完了してしまうと、そのような状態が解消されるため、それに伴って詳しい内容や経緯なども思い出しにくくなるのです[1]。

記憶
MEMORY

そうなると思ってた

後知恵バイアス

あのときはそんなこと言ってなかったのに…

人は何かが起こったときに、「やっぱりそうなると思っていた」と感じやすくなります。

▷ 起こったことはすべてお見通しだった？

野球の試合で思わぬ逆転劇があったり、選挙で番狂わせが起きたり……。そんなときに、あなたは素直に驚きますか？ それとも、想定内のことだと思うでしょうか？

私たちは何かが起こったときに、「やっぱり、そうなるんじゃないかと思っていた」と感じることがよくあります。しかし、本当に最初からそのような予測をしていたのでしょうか。

ものごとが起こったあとに、その結末を知る前から予測できていたと考える傾向は、「後知恵バイアス」と呼ばれています。

▷ 人は結果に合わせて記憶を変える

冷戦下の1972年、アメリカのリチャード・ニクソン大統領が北京とモスクワを訪れ、世界を驚かせました。この際、「ニクソンが毛沢東に会う」など、いくつかの出来事が起こる可能性を事前に大学生に予測してもらい、大統領が帰国してしばらくしたあとで、どのような予測をしていたかを尋ねました。すると、まるで**最初から事実に沿った予測をしていたかのように回答する傾向**が見られました[1]。

つまり、現実に起きた出来事は、事前に予測したときよりも高い確率で起きると予測していたと答え、現実に起きなかった出来事は、事前に予測したときよりも起きる確率は低いと予測していたと答えたのです。後知恵バイアスが顕著に表れた例と言えるでしょう。

やっぱりね

そうなると思ったよ

だから言ったろ？

これらの言葉は、後知恵バイアスのサインかもしれません。

クローズアップ！ **認知バイアス実験**

事故は予見できたはず？

ある実験では、射流洪水（鉄砲水）による事故の裁判で証拠として提出された川の写真を参加者に見せました。その際に一部の参加者に、その川で洪水が起きたことを知らせると、それを知らない参加者よりも「水が濁っていて洪水が起きる確率が高い」と回答する傾向が見られました[2]。
このように事故が起きたあとでは、後知恵バイアスにより、事前に予見できなかった事故を「予見できたはずだ」と考えるようになり、関係者を不当に批判する危険性があります。

記憶
MEMORY

この人、知っている気がする

有名性効果

考えて みよう ?

この中で有名人の名前だと思うものを
選んでください。

A 入江五月　　　　**D** 鈴木貴規

B 国枝大輝　　　　**E** 高梨美里

C 高木花織　　　　**F** 鍵山孝幸

▷ 架空の名前が一夜にして有名人の名前に

左ページで示した名前は、オリンピック・パラリンピックで活躍したスポーツ選手12人の姓と名をバラバラにして、ランダムに組み合わせてつくったものです。つまり、すべて架空の名前なのですが、何となく見覚え、聞き覚えがあるので、実在の有名人と勘違いしたという人もいるでしょう。

ある実験では、参加者に架空の名前のリストを見せ、その1つひとつについて発音のしやすさを評価してもらいました。そして翌日に、その架空の名前を有名、無名の人の名前が書かれたリストに忍び込ませたところ、有名人の名前と勘違いしやすいことがわかりました[1]。

実際にはそうではない名前を、有名人のものと感じてしまうこのバイアスは「有名性効果」と呼ばれています。

それまでまったく知らなかった候補者でも、名前をくり返し見聞きしていると、以前から知っている人のように感じることがあります。

▷ 無名の新人が有名人になる理由

人は偶然見聞きした名前を「知っている」と感じることがあります。そして、それがどうしてなのかがわからないときには、「たぶん有名人の名前だからだろう」と推測してしまいます。

選挙の時期になると、同じ候補者の名前をあちこちのポスターで見かけたり、選挙カーのアナウンスで何度も聞いたりします。こうして、たとえ無名の新人でも、**毎日名前を見聞きしているうちに、何となく知っている人のような気がしてくる**のです。

> 🔗 関連する認知バイアス
>
> ### 単純接触効果
>
> 有名性効果とよく似たバイアスに、「単純接触効果」があります。これは、同じ対象にくり返し触れるうちに、その対象をだんだん好ましく感じるようになるというものです[2]。
>
> 新商品のCMを何度も見聞きするうちに、はじめは興味がなかった商品に親しみがわいてくるというのは、よくあることでしょう。
>
> ただし、最初に見たときに不快に感じたものに対しては、くり返し触れても好感度が上がることはないようです。

記憶
MEMORY

思い出すのは若い頃のことばかり

レミニセンス・バンプ

10〜20代の出来事はよく思い出す

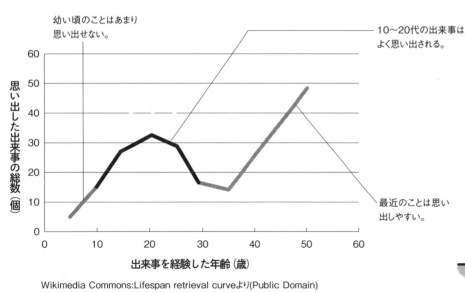

幼い頃のことはあまり
思い出せない。

10〜20代の出来事は
よく思い出される。

最近のことは思い
出しやすい。

（縦軸）思い出した出来事の総数（個）

60
50
40
30
20
10

0　10　20　30　40　50　60

出来事を経験した年齢（歳）

Wikimedia Commons:Lifespan retrieval curveより(Public Domain)

▷ 思い出しやすい時期がある!?

「『夏』と聞いて思い出すことは?」という質問のように、いくつかの単語について、過去に経験した出来事（自伝的記憶）を思い出してもらうと、**10〜20代の頃の出来事が想起されやすい**ことが、実験でわかっています[1]。

思い出した出来事の数を、経験した年齢ごとに合計してみると、左ページのグラフになります。総数が多いところは、まるでコブ（バンプ）のように見えるため、この現象は「レミニセンス・バンプ」と呼ばれます。レミニセンスとは回想のことです。

たとえば、「お気に入りの音楽は?」などと聞かれたときにも、学生時代によく聞いていた音楽を思い出す人が多いのではないでしょうか。

▷ 10〜20代の出来事を思い出しやすいワケ

10〜20代の出来事を思い出しやすいのは、この時期の認知機能（脳の情報処理の機能）が最も充実しているためです。またこの時期は、運動会や修学旅行といったさまざまなエピソードを伴う出来事（ライフイベント）が数多くあります。そうしたエピソードを思い出すとき、当時の感情もよみがえってくることがありますが、それは、**感情を伴った出来事は記憶に残りやすい**からです。10〜20代のことがよく思い出されるのは、そうした記憶の仕組みが関係していると考えられます。

祭りのポスターを見て、数十年前の中学生の頃の記憶を思い出すことがあります。

クローズアップ!　**認知バイアス実験**

バンプは性別や文化的背景によって変わる

自分の過去の出来事を思い出してもらうと、バンプの時期には性差があり、男性よりも女性のほうが若い時期にバンプがあることがわかりました。また、オランダ人よりもアメリカ人のほうが、やや若い時期にバンプがある傾向が明らかになりました[1]。

このように、思い出しやすい時期は、性別や文化的背景の影響で異なることもあります。

記 憶

MEMORY

名は体をあらわす!?

ラベリング効果

同じ絵を見せられたのに…

事前に
「この絵は 砂時計 に
似ています」
と言われた場合

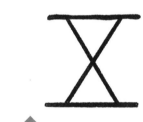

事前に
「この絵は テーブル に
似ています」
と言われた場合

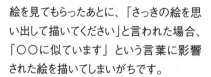

絵を見てもらったあとに、「さっきの絵を思い出して描いてください」と言われた場合、「○○に似ています」という言葉に影響された絵を描いてしまいがちです。

▷ 記憶はラベルに引きずられる

　左ページのように、同じ絵を見せられても、「砂時計」や「テーブル」といった言葉の情報が伴うことによって、記憶が影響されてしまうことがあります[1]。絵を覚えていたはずなのに、「砂時計」などの言葉＝**ラベルによって記憶が変化してしまう**ためです。

　情報に特定の「ラベル」をつけることで、ものごとの理解や記憶が方向づけられることを「ラベリング効果」と言います。ラベリングには対象のイメージを方向づけて、ラベルと対象の結びつきを固定化する効果があります。

▷ ラベリングで購買欲求を喚起

　フォルダやファイルに名前をつけるときは、一目で中身がわかるようなものにするでしょう。数字や記号だけでは、ファイルを探すのに不便だからです。

　また、**新しい商品やサービスなどを覚えてもらうのに、上手にラベリングすることも効果的**だと言われています。その商品などにいい印象やイメージが生まれたり、親しみがわいたりして、人々がその商品を買いたくなるといった効果があります。

　このようにラベリングは、ビジネスの現場でも有効なことがあるのです。

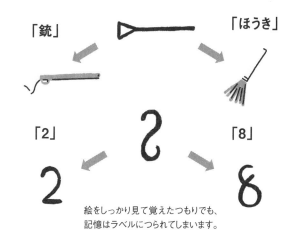

「銃」　　　「ほうき」

「2」　　　「8」

絵をしっかり見て覚えたつもりでも、
記憶はラベルにつられてしまいます。

🔑 認知バイアスこぼれ話

ラベリング理論

ラベリングにはマイナス面もあります。たとえば人を判断する際に、無意識のうちにラベリングをしてしまうと、差別や偏見につながる恐れがあります。さらに、そうした好ましくないラベルをつけられたことで、もともとは問題となるような行動をしていなかった人が、実際に問題を起こしてしまう可能性も指摘されています。

社会学の「ラベリング理論」では、問題行動はその人の内面的なことによってではなく、周囲からのラベリング（レッテル貼り）によって生じるものとして解釈されています。

記 憶
MEMORY

自分に関係することは忘れにくい

自己関連付け効果

自分にかかわりのあることだと記憶に残る

▷ 情報処理が深くなるほど記憶に残る

会議の日付はすぐにメモをしないと忘れがちですが、それが自分の誕生日なら、メモをしなくても忘れません。このように、**自分に関連付けられたものごとは記憶に残りやすい傾向**を、「自己関連付け効果」と言います。

ある実験では、最初に参加者に単語を提示して、その単語が質問に当てはまるかどうかを「はい」か「いいえ」で答えてもらいました（参加者には記憶の実験であることを知らせません）。

質問は、考える水準（処理水準）に応じて、①形態（たとえば、この単語は大文字で書かれているか?）、②音韻（たとえば、この単語は「train」と同じ韻を踏んでいるか?）、③カテゴリー化（たとえば、この単語は「fish」の仲間か?）、④意味（たとえば、下線部に「friend」は当てはまるか? I met a ____.）の4段階で設定されました。

その後の記憶テストでは、形態（18%）、音韻（78%）、カテゴリー化（93%）、意味（96%）の順で、**情報処理が深くなる（処理に負荷がかかる）ほど記憶に残る**ことがわかりました[1]。これは「処理水準効果」と呼ばれています。

▷ 自己関連付け効果はこうして明らかに

別の実験ではさらに、情報処理の深さに関して、単語を「形容詞」に変えて追試をしました。参加者に形容詞（たとえば「美しい」）を提示して、①形態、②音韻、③意味に加え、④自己関連（自身に当てはまるか?）の4つの処理水準の質問に、「はい」か「いいえ」で答えてもらいました。

その後の記憶テストでは、④**の自分自身のことに関連付けて回答したときの形容詞をよく思い出せる**ことが、明らかになりました[2]。

人ごとではなく「自分ごと」として捉えると、内容が頭に入りやすくなります。

記 憶
MEMORY

忘れたいことほど頭から離れない

皮肉なリバウンド効果

考えないようにしようとするほど思い出す

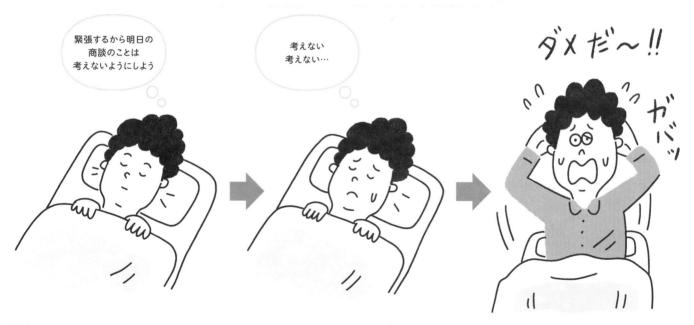

▷ 「考えまい」と思うと、かえって意識してしまう

明日は大事な商談の日。ぐっすり眠るために、そのことは考えないようにしようと思うほど、余計に考えてしまって眠れない……。こんな経験は、誰にでもあるのではないでしょうか?

ある実験では、最初から「シロクマのことを考えるように」と指示された場合よりも、最初の5分間は「シロクマのことを考えないように」と指示され、次の5分間では「考えるように」と指示された場合のほうが、シロクマのことが次々と頭に思い浮かぶことが示されました[1]。

このように、ある事柄を考えないようにしようと努力すると、一時的にはそれが成功しても、**努力をやめたとたんに反動（リバウンド）が起こり、頭の中がその事柄に占拠される**ことがあります。これを「皮肉なリバウンド効果」と言います。

▷ まったく関係のないことを考えてみる

シロクマの実験には続きがあります。「シロクマについて考えないように」と指示する際、一部の参加者には、「もしシロクマのことが頭によぎったら、代わりに赤いフォルクスワーゲンのことを考えるように」とつけ加えたのです。このように、**ただ考えないようにするのではなく、「別に考えること」を用意しておく**と、皮肉なリバウンド効果は生じませんでした。ただし「別に考えること」は、「考えまい」とする事柄とまったく無関係な事柄にするのが重要なポイントです。

「シロクマについて考えるな」と言われると、
余計に考えてしまいます。

クローズアップ!　**認知バイアス実験**

イヤな記憶を思い出さないようにするには

思い出したくないことを、思い出さないようにするためには、どうすればよいのでしょうか。これまでの実験結果から、好きなことに集中して気晴らしをしたり、瞑想をしたりと、効果的な方法はいくつも提案されています[2]。そのすべてに共通するのは、無理に忘れようとしないこと。考えることを受け入れたほうが、かえって思い出しにくくなります。

記憶
MEMORY

圧縮効果

**実際の時間の長さと
自分が感じる時間の長さは違う**

人は、昔のことを最近起きたことのように感じたり、最近のことをずっと前に起きたことのように感じたりしがちです。

卒業してからもう
5年も経っているなんて

まるでこの間のことの
ように思えるなぁ

5年前　　　　　　　　　　　　現在

実際に経過した時間
（物理的時間）

大きなズレ

個人が感じる時間
（心理的時間）

引っ越してから
まだ10日!?

もっと経っていると
思ってた！

	10日前	現在	
			実際に経過した時間（物理的時間）
			個人が感じる時間（心理的時間）

← 小さなズレ

物理的時間と心理的時間のズレ

古い出来事を最近のことのように感じる半面、ごく最近のことをずいぶん前に起こったように感じることがあります。このように、**実際に経過した時間（物理的時間）と、個人が感じる時間（心理的時間）の長さにズレが生じること**を確かめた実験があります。

参加者に個人的な出来事について尋ね、それが起こった時期を「〇年〇月〇日」などの具体的な時期か、今を基準に「〇週間前」などのおおよその時期で答えてもらったところ、具体的な時期で答えてもらったときのほうが、より事実に近いことがわかりました[*1]。「〇週間前」などといった、個人が感じる心理的時間の感覚は、物理的時間に比べると、あやふやなものだということがわかります。

3年を境に「ズレ方」が変わる

また、古い出来事については最近起きたこととして大きな「圧縮効果」が働き、最近の出来事については少し前に起きたこととして、小さな「圧縮効果」が働いていることもわかりました。

この圧縮の度合い（ズレ方）が変わる境目は、おおむね3年と言われています。**3年以上前に起きた出来事は最近のことのように感じられ、3年以内に起きた出来事は、それが起きるより少し前のことに感じられる**とされています。

記　憶
MEMORY

ググった情報はすぐに忘れる

グーグル効果

すぐに検索できる内容は記憶に残らない

気になる言葉があったので、グーグルで検索。すると検索履歴から、1週間前にまったく同じことを調べていた、とわかることがあります。

> とりあえずググろう！
> ……あれ？

▷ **グーグル先生がいるから大丈夫！**

　わからないことはすぐにインターネットで調べるという人は多いでしょう。しかし、「これは前にも調べた」と途中で気づき、なぜ忘れてしまったのか不思議に思ったこともあるのではないでしょうか。

　パソコンやスマートフォンの普及によって、インターネットで検索をすれば、探している情報を簡単に調べることができるようになりました。このように、**いつでもインターネット上でアクセスできたり、保存先のデジタル機器から取り出せたりする情報は、頭の中には記憶されにくい**ようです。これを「グーグル効果」あるいは「デジタル性健忘」と呼びます[*1]。

040

スケジュールも

買い物メモも

電話番号も 080-····

メールアドレスも ○○○@···

デジタル機器に情報を何でも
保存できるため、自分の頭の中
に情報を保存しなくなっている
のかもしれません。

▷ 情報を忘れても保存場所は覚えている

　ある実験で参加者に40個の雑学を提示し、それをパソコンに入力してもらいました。このとき、半分の参加者には「入力した内容はパソコンから消去される」と告げ、もう半分の参加者には「入力した内容はパソコンに保存される」と告げました。入力が終了したあと、その雑学の内容について尋ねたところ、「保存される」と告げられた参加者のほうが、内容を覚えていないことが明らかになりました。

　ただし、後続の実験の結果、**内容については思い出せなくても、保存場所についてはよく覚えている**ことがわかりました。保存場所さえわかれば、いつでも情報にアクセスできるからだと考えられます[*1]。

🔗 関連する認知バイアス

ソース・モニタリング・エラー

その記憶がいつどこでどのように得られたかという情報源（ニュースソース）を特定できなかったり、誤って特定したりすることを、「ソース・モニタリング・エラー」と言います。たとえば、「どこかで会ったことがある人だ」と思って挨拶したけれど、「どこで会ったかは、すぐには思い出せなかった」という経験をしたことはないでしょうか。裁判の証拠となる目撃証言には、「どこでそれを見たのか」という情報源に関するエラーが少なからずあることがわかっています[*2]。

最初しか覚えていない

初頭効果

最初の情報は記憶に残りやすい

新入社員からいっせいに自己紹介をされると、最初に自己紹介してくれた人の名前以外は、あとからうまく思い出せないことがあります。

 の中:

□……です

…………です

▷ 覚える順番が思い出しやすさに影響する

　上司から仕事をいくつか指示されたときに、あとからその仕事を思い出そうとすると、最初に指示された仕事以外を思い出せなくなった……。こんな経験はありませんか?

　ある実験では、参加者に15個程度の単語リストを示し、その後、覚えている単語を書き出してもらいました。すると、**提示された順番によって記憶の残りやすさに差があり**、最初のほうに示された単語をよりよく覚えていることがわかりました[*1]。このような現象を「初頭効果」と言います。

▷ 初頭効果が起きるワケ

　このような初頭効果はなぜ起こるのでしょうか?

　人には情報を一時的に記憶しておく能力が備わっていますが、その容量は限られています。そのため、新しい情報が入ってきても、普通は数十秒で忘れていきます。しかし先ほどの実験のように、何とか記憶を保とうとした場合、最初のほうに提示された単語を**頭の中でくり返し復唱するなどの努力をする**ため、よく覚えていたと考えられます。

　また、リストの最後のほうに示された単語も、最初のほうに示された単語と同様に、よく覚えていることが明らかになりました[*1]。これを「新近効果」と言います。なお、単語を示された直後に思い出す場合は、一時的であれば記憶できるため、このような新近効果が見られますが、思い出すまでに時間が空くと、新近効果は見られなくなります。

記 憶
MEMORY

終わりよければすべてよし

ピーク・エンドの法則

考えてみよう ?

どちらの患者が検査に対して
より悪い印象を抱いていたでしょうか？

大腸の内視鏡検査を受けた2人の患者に、検査中の苦痛の強さを10段階で評価してもらいました。検査時間は、患者Aが8分間、患者Bが24分間でした。検査終了後に、この検査に対してより悪い印象を持っていたのは、どちらの患者だったでしょうか。

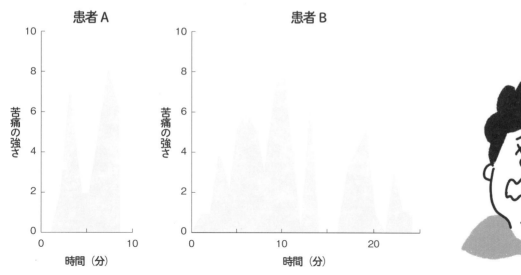

▷ 「つらい経験」と「つらい記憶」は違う？

ピーク時の苦痛の強さは患者A・Bともに同じです。したがって、検査に対して悪い印象が残ったのは、検査時間が長く、その分だけ苦痛を持続的に経験していた患者Bだと予想した人が多いのではないでしょうか。

しかし実際には、患者Aのほうが検査に対して、はるかに悪い印象を抱いていました[*1]。患者Aの場合、**苦痛のピークを感じた直後に検査が終了したため、不快な記憶が残った**と考えられます。

ほかの患者でも、同じような傾向が見られました。検査時間は、短い人だと4分、長い人では69分と患者によって大きく異なりましたが、苦痛が持続した時間が、内視鏡検査に対する印象を左右するわけではありませんでした。

▷ プレゼンもピークとエンドが肝心

このように**記憶に基づく評価は、経験が持続した時間ではなく、ピーク時と終了（エンド）時の経験によって決まる**ことがわかっています。これを「ピーク・エンドの法則」と言います。

この法則は、つらい経験だけでなく、楽しい経験にも当てはまります。たとえばプレゼンの際に、少々長くて難しい内容であっても、途中の体験談で爆笑させたり、最後にとっておきの「なるほど」と思える話をしたりすると、「いいプレゼンだったな」という印象を残せるかもしれません。

プレゼンの途中と最後に、聴衆の印象に残るような話をするのがおすすめです。

クローズアップ！　**認知バイアス実験**

苦痛の持続時間は無視される？

ピーク・エンドの法則を検証した別の実験では、持続時間が無視される様子がより明確に示されています。

この実験では、我慢できるギリギリの冷たさ（14℃）の水に60秒間手を浸すという課題①と、課題①に加えてそのあとに水温を1℃上げた水にさらに30秒間手を浸すという課題②の両方を、参加者に経験してもらいました。その後、もう一度経験するならどちらがよいか尋ねたところ、②を選択した参加者がほとんどで、①と②を経験する順序が変わっても同じでした[*2]。苦痛の時間が長くても、「終わりよければすべてよし」というわけです。

記憶
MEMORY

あの人は昔から変わらない？

一貫性バイアス

昔の印象と違ってびっくり

やあ久しぶり！

昔は確か…

昔の記憶では気難しかった人が、ニコニコと笑いながら話しかけてくると、面食らうことがあります。

▷ 他者に対して一貫性を求めやすい

人が以前とは異なる行動をとっていると、「昔はあんな人じゃなかったのに」と戸惑うことはないでしょうか。

私たちは、「人の意見や行動は、過去も、現在も、未来も、ずっと変わらない」と思い込んでおり、これを「一貫性バイアス」と言います。**人の意見や行動が一貫していないと私たちは違和感を抱きがちですが**[1]、実際には人の生き方は、時間が経つにつれて大きく変化することも多いのです。

だいぶ変わっているけどなぁ…

私の意見は昔から変わらないよ！

「自分は昔から一貫している」と思い込んでいると、自分の意見が変わったことに気づかないこともあります。

▷ 自分に対しても一貫性を求める

一貫性バイアスは、他者に対して生じるだけでなく、自分に対しても生じます[2]。そのため、**実際には自分の意見が変化していても、「私の意見は昔から変わらない！」と思いがち**です。あるいは、過去に自分がとった行動との一貫性を保つために、本当はやりたくない仕事を引き受けたり、買いたくない商品を無理に購入したりすることもあります。

意見や行動に一貫性がない人は、気が変わりやすく、つき合いにくい人だと周りから思われます。そのため、社会の中で高い評価を得るには、自分の意見や行動に、ある程度の一貫性を持たせることは重要です。しかし、それにとらわれすぎると不利益につながることもあります。

認知バイアスこぼれ話

フット・イン・ザ・ドア法

一貫性バイアスを利用したビジネス手法に、「フット・イン・ザ・ドア法」があります[3]。

訪問販売がよく行われていた時代には、営業マンがドアの内側に足を入れ、「話だけでも聞いてください」と頼む手法がありました。多くの人は「話だけなら」と応じるのですが、結局、「話を聞いたのだから」と、商品を実際に購入することがありました。これは、自分の行動に一貫性を持たせたいという気持ちを利用した手法と言われています。

「行動経済学」の創始者

ダニエル・カーネマン

Daniel Kahneman　　　　　　　1934〜

イスラエル生まれの認知心理学者、行動経済学者（国籍はイスラエル
とアメリカ）。不確実な状況下で人が下す意思決定について、「プロス
ペクト理論」という意思決定モデルを発表。心理学の研究を経済学に
統合した功績によって、2002年にノーベル経済学賞を受賞しました。

📖　主な著書

• 『ファスト&スロー —あなたの意思はどのように決ま
るか?』村井章子 訳、早川書房、2014年

🔗　関連する認知バイアス

「利用可能性ヒューリスティック」(P.52)、
「アンカリング」(P.54)、「確実性効果」(P.112)など。

第2章

ESTIMATION

多分、こうだよね

推定
に関連する
バイアス

予想を立てたり、数を見積もったりするときにも認知バイアスは潜んでいます。計画錯誤や楽観性バイアス、スポットライト効果など、私たちが日常生活で何かを推定するときに陥りやすい認知バイアスを紹介します。

推定
ESTIMATION

「もっともらしいもの」は正解だよね？

代表性ヒューリスティック

考えてみよう？

次の説明を読んで、現在の明子さんは、
AとBのどちらの可能性が高いかを推測してください。

明子さんは31歳、独身で、積極的に発言をする非常に聡明な人です。大学では哲学を専攻し、学生時代は差別や社会主義の問題に関心を持っていました。また、反核デモに参加していました。現在の明子さんは、AとBのどちらの可能性が高いでしょうか。

A 銀行員

B 銀行員で
フェミニズム運動も
している

心理学者のエイモス・トヴェルスキーとダニエル・カーネマンが作成した「リンダ問題」*¹ を改変。

▷ よく考えると間違っている

　左ページのような問題を出すと、Bを選ぶ人が多いことがわかっています。しかし、右の図のように数学の「集合」関係にあてはめて考えると、「銀行員でフェミニズム運動もしている人」は「銀行員」の一部であることから、答えがBである可能性は、Aである可能性より必ず低くなります。**論理的にはありえない答えを正しいと思うのは、直観的な方法で問題を解いていることの表れです。**前段の説明から明子さんの現在の状況を推測した場合、単なる銀行員ではなく、フェミニズム運動もしているほうがもっともらしく思えるため、Bの可能性を高く見積もったのでしょう。

▷ すぐに出た結論は正解ではないことも

　ある事例が、特定のカテゴリーの代表的な特徴をどの程度、備えているかをもとにして、その事例の起こりやすさを判断する方法を「代表性ヒューリスティック」と言います。**ヒューリスティックとは、経験則などに基づいた直観的な思考法のことです。**論理的な思考に比べ、精度は高くありませんが、より短時間で答えを導くことができ、思考の負担が軽いのが特徴です。そのため、私たちは日常でさまざまなヒューリスティックを利用しています。

　もっともらしいものや、ステレオタイプ（P.144）に類似した事例に出合うと「あるある」と感じますが、**そのような直観的な判断は正しいとは限らず、注意が必要です。**

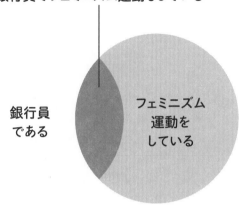

銀行員でフェミニズム運動もしている

銀行員である

フェミニズム運動をしている

じっくり考えれば当然、銀行員である可能性のほうが高いことがわかります。

○┰ キーワードさくっと解説

ヒューリスティックの語源

古代ギリシアの科学者アルキメデスが「エウレカ（見つけた）！」と叫んだことは有名ですが、「ヒューリスティック」の語源は、この「エウレカ」だとされています。
手順を踏んで確実に正解にたどり着く「アルゴリズム」と対比され、「発見的手法」と訳されることもあります。

推定
ESTIMATION

利用可能性ヒューリスティック

考えて
？
みよう

次の英単語のうち、
多いのはどちらでしょう。

A rが最初にくる単語

rabbit

zzz

B rが3番目にくる単語

turtle

▷ すぐ思いつくもののほうが、数も多いはず?

左ページのように「多いのはどちらか」と尋ねられたとき、皆さんはどのようにして答えを導き出そうとしたでしょうか。

おそらく、AとBに該当する具体的な単語を思い浮かべたと思います。そして「rule」「right」「rainbow」など、rが最初にくる単語は次々に思い浮かぶのに、rが3番目にくる単語はなかなか思い浮かばず、その経験をもとに「rが先頭にくる単語のほうが多いのでは」と推測したのではないでしょうか。

実は、**実際に多いのは「rが3番目にくる単語」**です。しかし、心理学者のエイモス・トヴェルスキーとダニエル・カーネマンが行った実験では、参加者の3分の2が「rが最初にくる単語のほうが多い」と答えました[*1]。

▷ ものごとの頻度や確率を誤って判断することも

このように、私たちは**具体例の思い浮かびやすさを手がかりにして、ものごとの頻度や確率を判断すること**があります。これを「利用可能性ヒューリスティック」と言います。

思い浮かびやすい事例というのは、多くの場合、自らが見聞きしたことです。したがって、思い浮かびやすいものほど数が多いという経験則は、あながち間違いではありません。しかしこの例のように、思い出しやすさと数の多さが一致しないときには、利用可能性ヒューリスティックによって誤った判断をする場合があるのです。

日本の交通事故による死亡者数は、心疾患による死亡者数の2%未満です。それでもメディアでよく報道される交通事故のほうが、死亡者数が多いと感じてしまいます。

クローズアップ!　**認知バイアス実験**

「思い浮かびやすさ」が手がかりになる

ある実験では参加者に、「過去に自分が強く自己主張した経験」を6例、もしくは12例、思い出すよう指示しました。すると、6例を思い出すように指示された参加者よりも、12例を思い出すように指示された参加者のほうが、「自分は自己主張が強くない」と評価する傾向が見られました[*2]。

12もの具体例を思い出すのは大変な作業のため、「思い出すのがこれだけ大変なのは、自分は自己主張が強くないからだ」という推測が働いたからと考えられます。このように、具体例が数多く思い出されることよりも、それがいかに簡単に思い浮かぶのかが判断を左右します。

推定
ESTIMATION

先に見た情報に縛られる

アンカリング

考えて
？
みよう

国連加盟国に占めるアフリカ諸国の割合は65％よりも大きいですか、小さいですか？
具体的には、何％くらいだと思いますか？

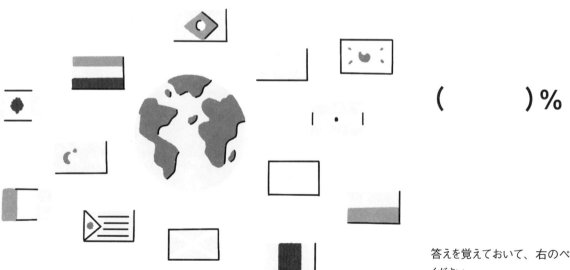

（　　　　）%

答えを覚えておいて、右のページに進んで
ください。

▷ 先行情報が推測の範囲を限定する

　左ページの例題で、あなたは何%と答えたでしょうか？
　これに類する実験では、参加者の答えの中央値は45%でした。しかし質問文の「65%」を「10%」に置き換えると、参加者の答えの中央値は25%になりました[1]。
　国連加盟国についてよほど詳しくない限り、この問題には推測で答えるしかありません。このように判断に使える手持ちの情報がないとき、**先に示された情報がまるでアンカー（船の錨）のような働きをし、その後の推測の範囲を限定**します。この現象を、「アンカリング」と言います。
　前述の実験の場合、「65%」や「10%」という数値がアンカーとなったために、そこから大きく離れた数値を回答できなかったと考えられます。

▷ 値引きを「お得」に感じるマジック

　ものを売るときには、最初に高い値段を提示して、少しずつ下げていく手法がよく使われます。10万円が6万5000円になればすぐに買いたくなりますが、7万円が6万5000円になっても、それほどお得には感じないでしょう。
　先ほどの実験では、参加者は質問の中で提示された数値（%）が無意味だと知っていました。「65」や「10」を、ルーレットで偶然止まった数字として見せていたからです。つまり消費者は、**でたらめにつけられた元値であっても、そこから大きく値引きされていれば、お得に感じる可能性がある**のです。

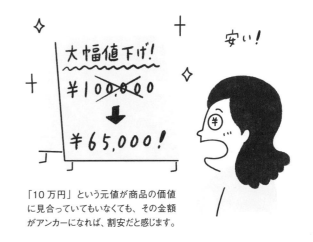

「10万円」という元値が商品の価値に見合っていてもいなくても、その金額がアンカーになれば、割安だと感じます。

クローズアップ！　**認知バイアス実験**

自ら生み出したアンカーに縛られる

　別の実験では、下記の計算について、それぞれ5秒以内に答えてもらいました。
A. 1×2×3×4×5×6×7×8＝？
B. 8×7×6×5×4×3×2×1＝？
すると、Aの解答の中央値は512、Bの解答の中央値は2,250になりました[1]。掛ける順番が違っても答えは同じ40,320です。
　参加者は限られた時間内に解答するために、最初の数ステップの計算を手がかりに最終的な答えを推測しました。その結果、自らが計算した値がアンカーになったと考えられます。

推定 ESTIMATION

なぜいつも計画通りにいかないのか？

計画錯誤

考えてみよう？

企画書の締め切りが2週間後に迫っています。
あなたはいつ提出できると思いますか？

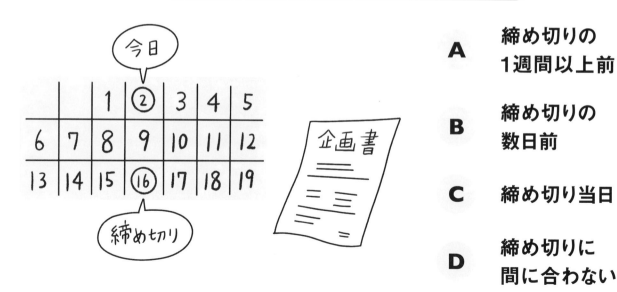

A 締め切りの 1週間以上前

B 締め切りの 数日前

C 締め切り当日

D 締め切りに 間に合わない

▷ 何度失敗しても計画の見積もりを誤る

仕事であれ勉強であれ、始める前に計画を立てたとしても、往々にして計画通りには進みません。締め切り間際になって、いつもあわてて提出する人も多いでしょう。

ある研究では学生たちに、論文を提出するまでに必要な日数をできるだけ正確に予測してもらいました。すると、予測の平均日数は33.9日でしたが、実際には提出までに55.5日かかりました。また予測した期日までに提出した学生は3分の1以下でした[*1]。

計画通りに進まず失敗した経験をくり返しても、**新たな計画を立てる際には「予定通りに進むだろう」と考えてしまう**ことを「計画錯誤」と言います。

▷ 予算の見積もりにも影響する

計画錯誤は、予算などを見積もるときにも起こります。当初は「これくらいで収まるだろう」と見積もっていた費用が徐々にふくらみ、最終的に予算オーバーになるケースは、ビジネスシーンでも珍しくありません。

ものごとはたいてい計画通りには進みません。予測していなかったトラブルが生じたり、ほかの仕事が舞い込んできたりして、計画がずれ込むことのほうが多いでしょう。

ただし、過去の計画錯誤の経験を思い出して、**また同じ失敗が起きるかもしれないと具体的に想定しながら計画**したときには、錯誤に陥らなかった例が報告されています。

予算は250万円で収まるはず

250万円→350万円に修正!

350万円→500万円に修正!

当初の倍!?

何度も計画錯誤が発生している?

クローズアップ！ 認知バイアス実験

時間に厳しい人ほど計画錯誤が大きい!?

日本で行われた実験では、時間や期限に厳しい「時間厳守性」の高い人のほうが、計画錯誤が大きい傾向が見られました[*2]。ただし、実際の提出日は時間厳守性の高低にかかわらず、期日の少し前でした。つまり、時間厳守性の高い人たちは、早めに課題などを終わらせる予定を立てたため、予定と実際の終了の差が大きかったのです。一方、時間厳守性の低い人たちは、終わる予定を最初から遅めの日にしていたため、それほど大きな計画錯誤にならなかったのです。

推定
ESTIMATION

「次こそ当たる」という思い込み

ギャンブラー錯誤

今度はきっと表が出る！

さあ次はどっちだ!?

もう5回も「裏」が
続いているから

今度こそ「表」！

コイントスで、裏が5回
続けて出たら、次は表が
出ると思いますか？　裏
が出ると思いますか？

▷ 確率はいつも2分の1のはずなのに…

何の細工もしていないコインで何回かくり返しコイントスをする場合、トスの結果は毎回リセットされます。そのため、次のトスでは表が出る確率も、裏が出る確率も、2分の1（50%）です。しかし**裏が連続して出ると、人は「次こそは表が出る」と思ってしまう**ようです。

ルーレットの場合も同様で、5回続けて同じ色の枠に球が入ったとしたら、「次こそ、きっと違う色の枠に入る確率が高いぞ」と、違う色の枠に賭けてしまいがちです。

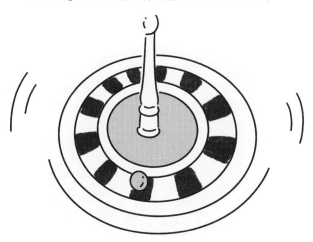

ずっと黒が続いていると、次は赤になるはずだと考えてしまいがちです。

▷ 同じ結果が続くわけがないと思う

何かの確率を予測するとき、**人は過去に起きた事象の確率に影響される**ことがあります。

前述の例のように同じ結果が続くと、「次は違う結果が出るだろう」という確率を前よりも高く考えがちです。こうした予測の誤りは、「ギャンブラー錯誤」または「偶然性の誤解」などと呼ばれます。確率に偏りがあるように感じると、きっとその後は偏りが収束して確率データが均一になるはずだと信じてしまうのです[*1]。

> 🔗 **関連する認知バイアス**

基準率の無視

青タクシーが15%、緑タクシーが85%走っている町で、タクシーによるひき逃げ事件が起きたとします。目撃者は「青タクシーが犯人だ」と証言しましたが、目撃者が正しく色を判別できる確率は80%だとわかりました。

この話を聞いた人に、青タクシーが犯人である確率を聞くと、多くの人は80%と答えます。しかし、「青タクシーに対して正しく青と証言する確率（X）」は15%×80%＝12%、「緑タクシーに対して誤って青と証言する確率（Y）」は85%×（100-80）%＝17%です。つまり犯人が青タクシーである確率は、XとYの合計に対するXの割合「12÷（12＋17）」で、41%となります。青と緑のタクシーのもともとの割合など、基準となる確率を考慮しないことによって予測を誤る認知バイアスを「基準率の無視」と言います[*2]。

推定
ESTIMATION

あれ？ 思っていたほど楽しくないな

インパクト・バイアス

考えて
？
みよう

ひと月前に人事評価の結果が出たと想像してください。
あなたが1年後に「幸せだ」と感じるのは、どちらだと思いますか？

UP

据え置き

給料

給料

A 昇進して給料が
アップした場合

B 昇進できず給料が
据え置きの場合

C どちらでも
あまり変わらない

▷ 感情の予測は当たらない!?

「宝くじが当たったら、最高にうれしいだろうな」と想像したことは、誰でも一度はあるのではないでしょうか？ 反対に「このプロジェクトで失敗したら立ち直れない」などと、不安にさいなまれた経験もあるでしょう。しかし、もしその通りの状況になったとしても、**案外、予想していたほどの幸福感や挫折感は続かないもの**です。

心理学者フィリップ・ブリックマンらの調査によると、宝くじ当選者22人と、麻痺が残った事故被害者29人の幸福度を調査したところ、出来事の数カ月後には元の水準に戻り、どちらの幸福度も同程度になることがわかりました[*1]。

人は、ある出来事が生じたときに、**そのときの感情の強さや持続時間を過大に見積もる傾向**があり、これを「インパクト・バイアス」と言います。

▷ 幸福感も挫折感も時間とともに薄れる

たとえ夢が叶っても、思っていたほどの達成感は感じられず、その後長くもたらされると思っていた幸福感は、時間が経つにつれて以前と同じ程度に戻ります。

その反面、ネガティブな出来事があっても、ずっと嘆き悲しみながら暮らすことになるだろうと思っていた絶望感は、**時間の経過とともに「こんなものかな」と受け入れられるようになっていく**のです。この背景には「心理的免疫システム」（右の「認知バイアス実験」参照）があるとされています。

あこがれだったひとり暮らしも、実際に始めてみると「こんなものか」と感じるかもしれません。

クローズアップ！ 認知バイアス実験

心を前向きにする「心理的免疫システム」

心理学者ダニエル・ギルバートは、人間はどんなにつらい状況でも、ものごとをより前向きに、ポジティブに捉えようとする「心理的免疫システム」を持っていると述べました[*2]。
ところが、人はこの心理的免疫システムの働きに気づいていないため、ネガティブな出来事に対しては、その感情がそのまま長く持続するだろうと予測する傾向があるとされます。

推定
ESTIMATION

自分で選んだほうが当たるよね

コントロールの錯覚

宝くじは人に買ってもらうよりも
自分で買ったほうが当たる確率は高い？

忙しいなら代わりに
宝くじ買ってこようか？

ほんと!?

いやいや
自分で買いに行ったほうが
当たりそう！

人が買っても自分で買っても当たる確率は変わらないのに、なぜか自分で買ったほうが当たると思ってしまいます。

▷ 自分で選べば当選確率が上がる!?

　商店街の福引で、玉の入った抽選器（ガラガラ）を「スタッフが回すか、自分で回すか選べます」と言われたら、きっと多くの人が、「自分で回します」と言うでしょう。

　実際には、当選するかどうかは偶然によって決まるため、スタッフが回しても、あなたが回しても、当選確率は変わりません。それなのに、**自分でガラガラを回す（選択する）機会を与えられると、「当選確率が上がる」と考える傾向がある**ことが知られています。このような傾向を「コントロールの錯覚（幻想）」と言います。

▷ 天気や試合の結果も私のせい?

　この認知バイアスは、くじ以外の場面でも見られます。たとえば、天気はコントロールしようがないのに、**てるてる坊主をつくって晴れを願ったり、出かけたくないために雨を願ったり**した経験はありませんか。

　また、自分が応援しているチームは、自分が試合を見に行くと必ず勝つから見に行くとか、必ず負けてしまうから見に行かないなどと考えるのも、コントロールの錯覚と言えます。

私が応援に行くと負けちゃうから行かない!

過去のことも未来のことも、いい結果も悪い結果も、「私のせいだ」と思い込んでしまいがちです。

「ゲン担ぎ」はコントロールの錯覚の一種

ハトがたまたま首を振るなどの行動をとったあとに、エサを与えると、ハトは「次も同じ行動をすれば報酬がもらえる」と錯覚します。そして、たとえ行動したあとにエサが出てこなくても、出てくるまで何度も同じ行動をし続けます[1]。これを「ハトの迷信行動」と言います。

一度、行動と結果が結びついてしまうと、その行動をくり返すといった現象は人でも見られ、迷信やゲン担ぎがよい例です。たとえすぐに結果が出なくても、「あのときこうしたから、こうなった」と、実際にはない因果関係を見出してしまうのです。

推定
ESTIMATION

自信があっても当てにならない

妥当性の錯覚

面接で、この目で見たから間違いない

全員の評価が一致して採用したのに、いざ入社したら
まるで仕事ができない社員がいるのは、なぜ……。

ボーッ

あれ…?

こんなはずじゃなかったのに……。

▷ 自分の予測と実際は違う

面接官が全員一致で「期待できる」と太鼓判を押した新入社員が期待外れ……。このような例は珍しくないでしょう。**「自分の予測は当たる」と自信があっても、実際に当たるとは限りません。**

面接の際の限られた情報だけで、適性や将来性を予測するのは難しいことです。しかし複数の意見が一致すると、「この面接の手続き（または自分の考え）は妥当で、入社後のことも正確に予想できる」と考えてしまいます。このように、**実際にはそれほど当てにならない自分の予測に対して過度の自信を持つことを「妥当性の錯覚」と言います。**

▷ 自分の予測に過度の自信を持ってしまう

ある「人助けの実験」では、「発作を起こした人がいたとき、その場にいた15人中4人しか助けに行かなかった」という話を参加者に聞かせたあとで、善良そうな2人が映っているビデオを見せました。そして参加者に、「この2人は実は、先ほど話した15人の中にいました。この2人が助けに行った確率はどれくらいだと思いますか」と尋ねました。本来は事実（15分の4）に基づいて予測すべきところ、参加者は「こんな善良そうな人たちなら、助けに行ったに違いない」と答え、自分の予測を変えませんでした。

人助けをした割合が27％だと知っていてもなお、「自分の推測は正しい」と思い込むことが実証されました[*1]。

推定
ESTIMATION

透明性の錯覚

▷ 思っていることがバレている気がする

　自分の気持ちや考えは、人に見透かされているように思いがちですが、それは錯覚です。**自分が思っているほど相手はこちらの心の中をわかっていないこと**が、実験で確かめられています。これを「透明性の錯覚」と言います。

　たとえば人にウソをついているとき、本来なら自分にしかわからないはずの緊張感や後ろめたい気持ちなども相手に伝わっているように感じるため、実際以上に「バレている」と思ってしまうのです。

今日の仕事は
半分以上終わりました！

そうなの？

バレてる…!?

▷ 本心は意外と見破られない

　透明性の錯覚について調べた実験では、参加者は、一見同じように見える5つの飲み物を順に飲んでいくところをビデオに撮影されました。実はそのうちの1つは非常にまずい飲み物なのですが、それが何番目なのかバレないように、参加者には振る舞ってもらいます。撮影後、このビデオをほかの人に見せた場合、10人中何人にまずい飲み物がバレるかを参加者に予想してもらいました。平均すると参加者の予想は3.6人でしたが、実際にバレたのは2.0人であり、当てずっぽうで正解する割合と変わりませんでした[1]。

　このような透明性の錯覚は、本人に隠す気がなく、**むしろわかってほしいと思っている内容でも同じように起こります**。

> 🔗 関連する認知バイアス
>
> **非対称な洞察の錯覚**
>
> 「透明性の錯覚」の実験から、自分以外の人の内面について知ることは、とても難しいことがわかります。それにもかかわらず私たちは、「自分はほかの人のことをよく理解している」と、ほかの人に対する自分の洞察力を過大評価しがちです。しかしその一方で、「ほかの人は私のことをあまり理解していない」と考えています。このような、お互いの洞察力についての異なる認識は「非対称な洞察の錯覚」と呼ばれます[2]。

推定
ESTIMATION

よそのグループの人はみんな同じに見える

外集団同質性効果

「最近の若者は…」「あの年頃の人は…」

▷ ライバルチームのサポーターは無個性？

　たとえば自分があるサッカーチームのサポーターだった場合、サポーター仲間は1人ひとり、みな個性的に見えますが、ライバルチームのサポーターは無個性でおもしろみを欠いているように感じられることがあります。ところが、サッカーに興味がない人にとっては、チームに関係なく、サポーターはみな同じ特徴を持った人たちに見えたりします。

　人は、自分が所属する集団（内集団）のメンバーには多様性があると感じる一方、**自分が所属していない集団（外集団）のメンバーは同質性が高く、「みな同じ」と感じる傾向があります**[*1]。これを「外集団同質性効果」と言います。

▷ 集団と集団の「差」は強調される

　ある実験では、等間隔で長さが異なる8本の線分をランダムな順序で見せ、それぞれの長さを参加者に予想してもらいました。その際、短いほうの4本には「A」、長いほうの4本には「B」というラベルをつけました。すると、参加者の頭の中でグループ分けが起こり、同じグループの中では長さの違いが過小評価される一方で、Aグループの中で一番長い線分は実際よりも短く、Bグループの中で一番短い線分は実際よりも長く見積もられました。つまり、**2つのグループの違いが強調された**のです[*2]。これと同じようなことは人の集団同士でも起きるようです。

女性はみんな感情的だからなぁ

異性については、1人ひとりの違いに気づきにくい傾向があります。

🔗 関連する認知バイアス

他人種効果

外国の映画を見ていて、登場人物の顔の区別がつかなくて困ったことはありませんか。
自分と同じ国、同じ人種の人の顔は区別しやすく、記憶しやすいのに対し、別の国、別の人種の人の顔は同じように見えて、区別がうまくできないことがわかっています。この「他人種効果」も外集団同質性効果の一種と考えられています。

推定
ESTIMATION

「自分だけは大丈夫」という過信

楽観性バイアス

まさか自分に悪いことは起こらないだろう

人間ドックかぁ
もうちょっと先でもいいかな
どうせ何もないだろう

人間ドックの適齢は、一般には40歳以上（会社によっては35歳以上）が目安とされています。しかし、「自分はまだ大丈夫だろう」と先延ばしにする人も多いでしょう。

▷ リスクも不幸も自分には縁のないこと

　同年代の知人が大きな事故に遭ったと聞けば、「大変だな」と思う人は多いでしょうが、「自分も大事故に遭うかも」と考える人は少ないのではないでしょうか?

　人は、**自分に不運な出来事（犯罪、病気、災害）が起こる確率を過小評価し、幸運な出来事が起こる確率は過大評価します**。つまり人は、不幸な話を聞いても、**「周りには起こるかもしれないけれど、自分は大丈夫」と捉える傾向があります**。このように、ものごとを楽観的に解釈することを「楽観性バイアス」と言います。

おれは大丈夫〜

楽観性バイアスには、いい面も悪い面もあります。

▷ 新しいことを始めるときには楽観性が必要

　楽観性バイアスは、独立や起業、開発など、新しいことを始めるときには必要だと言われています。そうしたときにリスクを細かく考えていると、いつまでも前に進めません。いざ決断するときには、**「なんとかなるさ」というこのバイアスがうまく作用すること**が重要だと考えられます。

　楽観性バイアスは、性別や国籍を問わず人間に本質的に備わっており、多くの人に見られるとされています。過度の楽観は疾患を見逃すなどの危険性があり注意が必要ですが、その一方、ポジティブな結果を期待することで、**ストレスや不安が軽減したり、健康的な生活や行動が促進されたりします**。実際に楽観性バイアスの欠如は、うつ病などの心身の疾患とも関係することが指摘されています[1][2]。

🔗 関連する認知バイアス

ポジティブ・イリュージョン

「楽観性バイアス」は、心理学者シェリー・テイラーが提唱する「ポジティブ・イリュージョン」の1つです。イリュージョンとは「幻想」のことです。彼女は、このバイアスがあることで、人が社会に適応することができ、心身の健康維持や促進に大きく貢献していると主張しました。ポジティブ・イリュージョンにはほかに、自分は平均より優れていると考える「平均以上効果」（P.150）や、外界をコントロールできると考える「コントロールの錯覚」（P.62）などがあります。

推定
ESTIMATION

知識の呪縛

そんなことも知らないの？

普段、職場で使っている略語だからと言って、友だちにも通じるとは限りません。

▷ 一度覚えた言葉は「共通語」になる?

「ブレスト」「あいみつ」「テレコ」「バッファ」……。あなたはすべての意味を答えられますか?

　自分の働く業界では当たり前に使う言葉でも、違う業界やプライベートの場では通じない言葉、いわゆる「業界用語」があります。

　あなた自身、新入社員の頃は意味がわからなかったのに、今では気にすることなく使っている言葉があるのではないでしょうか。その言葉の意味を知らない人がいることすら、想像できなくなっているかもしれません。

　このように、**自分が知っていることは、ほかの人も知っていると思い込んでいる**ことを「知識の呪縛」と言います。

▷ あなたの「当たり前」は偏っている

　ある実験では、参加者の一方のグループに、頭の中で有名な曲を思い浮かべながら、その曲のメロディに合わせて机を指でタップしてもらいました。そしてもう一方のグループには、それを聞いて曲名を当ててもらいました。

　するとタップした参加者は、「聞き手の半数は曲名を当ててくれるだろう」と自信をもって推測しました。しかし、実際に当たったのは150曲中たった2曲だったのです[1]。

　この結果からは、**人がものごとを自分の視点から捉え、相手の視点を理解していない**ことがよくわかります。

こんなことも知らないの?

「自分の常識はみんなの常識」だと思い込むと、人を傷つける発言をしてしまうかもしれません。

🔗 関連する認知バイアス

機能的固着

たとえば「出張先でズボンの裾がほつれてしまったけれど、裁縫道具がない」というとき、「そうだ、両面テープで留めよう」という発想が出てこないことがあります。両面テープは「貼るもの」で「縫うもの」ではない、というように、知識に縛られて別の使い方が思い浮かばないことを「機能的固着」と言います[2]。
知識や経験が解決のカギになることは多いのですが、それが固定観念という呪縛になって、柔軟な発想や「ひらめき」の妨げになることもあるのです。

推定
ESTIMATION

実力不足だと自分をより過大評価する

ダニング=クルーガー効果

その自信は一体どこから……?

実力が伴っていないのに、自信満々な人、周りにいませんか?

▷ 現実と自己評価のギャップが大きい

　あなたは自分の実力を正確に評価できていますか?
「平均以上効果」(P.150) で解説しているように、人は
一般的に、自分の実力を過大評価しがちです。しかし、こ
のような傾向は、**とくに実力不足の人に顕著に見られ、実
際の成績と自己評価の間のギャップが大きい**ことが多いよ
うです。この現象は、研究者の名前にちなんで「ダニング=
クルーガー効果」と呼ばれています。
　なお、ダニング=クルーガー効果が生じる原因の1つに、「メ
タ認知」(右下の「キーワードさくっと解説」参照) の能
力が不足していることが挙げられますが、この効果が生じる
理由については現在も議論が続いています[*1]。

なんでうまく
いかないのかなぁ?

…………

メタ認知能力が向上すれば、自己評価の精度も上がるかもしれません。

▷ 自分はイケてるはず

　心理学者のジャスティン・クルーガーとデイヴィッド・ダニ
ングは、以下の実験を行いました。まず、大学生の参加
者に30個のジョークを提示し、それぞれのおもしろさについ
て評価してもらいます。そして、この参加者による評価結
果を、プロのコメディアンの評価結果と比べることで、参加
者のユーモアセンスを客観的に採点しました。その上で参
加者に、自分のユーモアセンスは、同じ大学の平均的な
学生と比較して、どの程度の位置にあると思うかを、0 (一
番下) から99 (一番上) の範囲で自己評価するように求
めました。
　その結果、**ユーモアセンスが全体の25%以下と採点され
た参加者は、ほかの参加者と比べて、自分のセンスを著し
く過大評価**していました[*1]。同様の結果は、論理的推論問
題や文法問題などを用いた実験でも確認されています。

☞ キーワードさくっと解説

メタ認知

「メタ認知」とは、高次の認知という意味で、自らの認知
過程についての認知を指す用語です。「このままだと時間
が足りなくなる」「自分は相手の話をよく理解できていない
な」など、進行中の自らの思考や行動を適切にモニタリング
し、コントロールしていくためには、このようなメタ認知の能
力が必要になります。

いつも自分ばかりがんばっている…

貢献度の過大視

計画するのも、予約をとるのも、「いつも自分ばかりがやっている」と感じることはありませんか？

▷ お互いに「自分の貢献度」を過大評価

パートナーや、仲のいい友だちとの普段の関係を思い出してみてください。2人でやらなければいけない作業があったとき、それに対するあなたの貢献度は何%くらいでしょうか？同じ質問をパートナー（または友だち）にも答えてもらうと、おもしろい結果が出てきます。

ある実験では、夫婦で実験に参加してもらい、「朝食の準備」「子どもの世話」などについて自分の貢献度をパーセンテージで答えてもらいました。夫婦それぞれが自分の貢献度を正確に評価していれば、貢献度の答えの合計値は100%になるはずです。しかし実際には、多くの合計値が100%を超えました。つまり、少なくとも一方が、**自分の貢献度を高く見積もっていた**のです。なお、「口論の開始」などのよくない出来事についても、よい出来事に比べると効果は弱いものの、自分の責任を重く見積もっていました[1]。

▷ 自分の貢献度を過大視するワケ

このように、**協同作業をしたときの自分の貢献度を過大評価する**ことを「貢献度の過大視」と言います。

自分と相手とでは手に入る情報が違うため、相手の貢献よりも、自分の貢献を容易に思い出せることが、この過大視の主な原因と考えられています。「自分ばかりが貢献している」と感じたら、相手とは持っている情報が違うということを思い出すといいかもしれません。

このプロジェクトのあなたの貢献度は？

60%かな

70%!

90%だね

クローズアップ！ 認知バイアス実験

グループでは「貢献度の過大視」の傾向が強まる

グループの人数が増えるほど、ほかの人たちの貢献についての見落としも増えます。すると、自分の貢献度を過大視する程度も大きくなるようです。大学生を対象に実験を行い、所属するグループの活動に自分は何%くらい貢献したと思うかを尋ねたところ、グループの人数が増えるにつれ、1人ひとりの過大視も増加し、結果的に自己申告された貢献度のパーセンテージの合計も大きくなることがわかりました[2]。

推定
ESTIMATION

ナイーブ・シニシズム

自分に都合よく考えているに違いない

よくやった！
チームワークのおかげだな！

「心の中では
自分のおかげ」と
思っているんじゃないか…

「あいつは自分の
おかげでプロジェク
トが成功したと思っ
ているはずだ」と、
お互いに思っている
かもしれません。

みんな自分の貢献を過大評価しすぎ？

友だちや職場の人と協同作業をしたとき、「この人は、自分の貢献度を過大評価していそうだ」と思ったことはありませんか？

このように、**ほかの人は自分に有利になるように、自分の貢献度を見積もっているに違いない**と考えることを、「ナイーブ・シニシズム」と言います。「シニシズム」は、ものごとを冷笑的に眺めること。ほかの人は自分の貢献度を過大視していると冷笑的に考えるところから、「ナイーブ・シニシズム」の名がついています。

実際と予想は食い違っている

ある実験では、夫婦の協同作業に対する自分の貢献度をパーセンテージで答えてもらいました。また、「同じ質問をパートナーにした場合、どのように答えると思うか」というパートナーの回答に対する予想も同時にしてもらいました。すると、「貢献度の過大視」（P.76）と同様に、自分の行動に対する回答では、出来事のよしあしに関係なく、貢献度の過大視が見られました。

興味深いのは、パートナーの回答について予想した結果です。よい出来事の場合、「パートナーは自分の貢献を過大評価しているに違いない」と予想し、実際にもその通りでした。しかし、予想された過大視の程度は、パートナーが自身を過大評価していたよりも、さらに大きなものでした。

一方、よくない出来事の場合は、「パートナーは自分の責任を過小評価しているに違いない」と予想していましたが、パートナー自身の回答は、逆に自分の責任を過大評価するものでした[*1]。

私たちは、**協同作業のパートナーが自らの貢献や責任について考えるとき、実際以上に利己的で公正さに欠けると疑っている**ようです。

貢献度だけでなく責任の程度でも同じ認知バイアスが起こります。

推定
ESTIMATION

「みんなに見られている」という勘違い

スポットライト効果

まるで私にスポットライトが
当たっているみたい？

ちょっとだけイメージチェンジをして
会社に行ったら、周囲から何とな
く見られている気がすることがあり
ます。しかし、実は周りはそれほど
あなたに注目していません。

髪型を変えたから
注目されているかも！

クローズアップ!　認知バイアス実験

スポットライト効果が後悔をもたらす?

人は自分がやったことよりも、やらなかったことのほうを後悔します。そしてやらなかった理由には、「他人の目を恐れる気持ち」がよく挙げられます[2]。しかしスポットライト効果の研究は、ほかの人が誰かの失敗にそれほど注目していないことを示しています。この事実を頭に置いておけば、やらずに後悔することを減らせるかもしれません。

実際は…

▷ 「注目されている」の多くは自意識過剰

いつもと違う雰囲気の服を着たり、いつもと違う行動をしたりすると、「人から見られている」と思うことはありませんか? **自分の外見あるいは行動が、ほかの人から注目されていると過度に思い込むことを「スポットライト効果」と言います。**

行動している本人は、自分にスポットライトが当たっていて、みんなから注目を集めているように感じるかもしれませんが、多くの場合、自意識過剰と言えそうです。

▷ 人はそれほど他人を気にしていない

スポットライト効果について調べた実験で、ある参加者は、若者に人気のないミュージシャンの顔が大きくプリントされた、ダサいTシャツを着るように指示されました(この参加者を、以降は「Tシャツ着用者」と呼びます)。そして、その格好のまま別の部屋に連れて行かれましたが、そこには普通の格好をした、ほかの参加者が何人かいました。

そのあとすぐに、Tシャツ着用者は部屋の外に呼び出され、「先ほど部屋にいたほかの参加者の何%くらいがTシャツの柄に気づいたと思うか」と尋ねられました。このTシャツ着用者の回答を平均すると、「部屋にいた50%くらいの人が気づいた」という予想になりましたが、実際に気づいた人数は、その半分でした[1]。**本人が思っていたほど、周囲はTシャツの柄に注意を払っていなかったようです。**

 以下の項目に当てはまる日本人は、
それぞれ何%くらいいると思いますか?

A

楽観的な人

大丈夫大丈夫大丈夫!

( ) %

B

**怒りのコントロール
が苦手な人**

( ) %

C

**全粒粉入りの
パンが好きな人**

( ) %

推定
ESTIMATION

「自分は一般的」という思い込み

フォールス・コンセンサス

▷ 楽観的な人は「楽観的な人が多い」と考える

左ページのAからCの質問にあなたはそれぞれ何%くらいと答えましたか？　これらの質問への回答は、**あなたの普段の考え方や行動によって左右される**ことが明らかになっています[*1]。

たとえばAの質問では、自分のことを楽観的な性格だと思っている人は、思っていない人よりも、高い数字を予想しました。**自分が楽観的だと、「世の中には楽観的な人が多い」**と推測しがちです。Bの質問のように、自分が抱えている問題について尋ねた場合も同じことが起こります。

Cの質問の答えは、自分がその対象を好んでいるかどうかで決まります。自分が全粒粉入りのパンを好きでない場合は、好きな場合と比べて、より低い数字を予想します。

え！ この本に興味ないの!?

「ほかの人も自分と同じで興味があるはず」と考えるのは、思い込みです。

▷ 「みんな自分と同じ」という錯覚

ほかの人も自分と同じように考えたり、感じたり、行動したりするだろうと過大に見積もる傾向を「フォールス・コンセンサス」と言います。フォールスは「偽の」、コンセンサスは「合意」という意味です。

私たちは、**自分の意見は一般的であり、広く世間に受け入れられていると考えがち**です。しかし、このような思い込みに基づいて行動することは、トラブルの元になります。「相手は自分と違うかも」という意識を普段から持つように心がけるとよいかもしれません。

クローズアップ!　**認知バイアス実験**

選挙に行ったらこの政党に投票するはず

ある実験では、参加者に自分が投票する予定の政党を答えてもらったあと、次の国政選挙での支持政党の予想得票率と、有権者全員が選挙に行くと仮定した場合の支持政党の予想得票率の2つを回答してもらいました。

その結果、自分の支持政党がどこかにかかわらず、有権者全員が投票に行くなら、自分が支持する政党の得票率が上がるだろうと予想していました。つまり、普段は選挙に行かない人でも、投票する機会があれば、自分と同じように投票すると思っていることがわかります[*2]。

推定 ESTIMATION

元に戻ったのには理由がある？

回帰の誤謬（ごびゅう）

絶好調も絶不調もそう長くは続かない

1年目なのに営業成績がいいな！
俺の指導のおかげかな？

1年目

084

▷ ただ平均に近づいているだけなのに…

スポーツ界では、1年目に活躍した新人選手が翌年に活躍できないと、「2年目のジンクス」などと言われます。

こうなることは統計学的に説明がつきます。スポーツに限らず売上でもテストの得点でも、結果を測定し続けると、結果は一定ではなく変動します。偶然、平均よりも大幅に上回ることもあれば、大幅に下回ることもありますが、**その結果に影響していた偶然の要素がなくなると、自然に平均値に近づきます**。この現象を「平均への回帰」と言います[1]。

▷ 勝手な理由に当てはめてしまいがち

平均への回帰で説明できることなのに、成績が振るわないと、「何か問題を抱えているのでは?」などと、**実際には存在しない別の理由を結びつける**ことがあります。これを「回帰の誤謬」と言います。

ビジネスでも、部下の成績が下がると叱り、上がるとほめたりすることがあります。その結果、叱ったあとには成績が上がり、ほめたあとには成績が下がるのを見て、**「叱ったりほめたりすることが成績を上下させる」**と考えるのも、回帰の誤謬と言えます。実際には、上司の態度と部下の成績の間に因果関係はないかもしれません[2]。

何かあったのか?

部下の成績が下がったときは、1年目ができすぎていただけかもしれないのに、何か理由があって能力が下がってしまったように思いがちです。

1年目　2年目

推定
ESTIMATION

何でもないことが大ごとになる

利用可能性カスケード

小さな滝がどんどん拡大していく…

バターが品薄だというニュースが流れ、さらにそれを知った人たちがバターを買い求める様子がテレビで流れたとします。すると、普段はさほどバターを使わない人まで、不安になってバターを買いに走るといった現象が起こることがあります。

▷ 「利用可能性」が連鎖する

　メディアが交通事故を頻繁に取り上げると、交通事故が実際以上に起きていると誤認される可能性があることは、「利用可能性ヒューリスティック」（P.52）で説明した通りです。「利用可能性カスケード」は、この利用可能性ヒューリスティックが連鎖することで、**個人のバイアスが、集団の誤った信念へと発展する**ことを指します[*1]。

　左ページの例のように、利用可能性カスケードは多くの場合、**些細な事柄をメディアが取り上げることによって始まります**。バターが品薄だったとしても、多くの人にはあまり大きな影響はないでしょう。にもかかわらず、報道を聞いた人の一部が売り場に押しかけ、さらにその様子が報道されることで、多くの人が必要のない不安に駆られることになります。「カスケード」とは連なった小さな滝という意味で、騒動が徐々に広まっていく様子を指しています。

▷ 評判を気にして言えずに騒動が拡大する

　こうした現象はときに大きな騒動に発展し、政府などの介入が必要な事態になることもあります。元の情報に疑問を覚える人がいても、**周りからの評判を恐れて指摘できないと、騒動は広がっていきます**。もし「おかしいな」と感じることがあれば、思い切って口に出してみましょう。案外身近なところに、同じような考えを持っている人がいるかもしれません。

リツイートしたり、「いいね」ボタンを押したりする前に、自分がフォローしている以外の人の意見も確かめてみましょう。

🔗 関連する認知バイアス

エコーチェンバー現象

Twitterなどの SNS では、同じ趣味趣向を持つ人が集まりがちです。そのため何か意見を言うと、それを肯定する意見ばかりが返ってきます。そうやって考えの近い人同士でやり取りを重ねるうちに、自分たちの考えは世間の大多数の人が感じていることだと錯覚することがあります。これを「エコーチェンバー現象」と言います。エコーチェンバーは「反響室」という意味です。閉じた空間の中では特定の意見が反響し合い、あっという間に増幅する危険があるのです。

推定
ESTIMATION

「これくらいなら大丈夫」は本当に大丈夫？

正常性バイアス

逃げるほどではない

誤作動？

だ、大丈夫、だよね？

大丈夫だろう…

警報が鳴っていて避難が必要かもしれないのに、何もしないことがあります。

088

▷ リスク評価を見誤る

もし会社で警報装置が鳴ったら、あなたはどんな行動をとりますか？ たいていの人は、「誤作動かな？」「訓練だろう」と考え、すぐには避難しないのではないでしょうか。

人は、めったに起こらない事態に直面すると、**それまでの経験からとっさに「ありえない」と思い、それを正常の範囲内のことだとする傾向があります**。これを「正常性バイアス」と言います。

私たちは、さまざまな変化や新しい出来事など、急に予期せぬ事態に陥っても、「たいしたことない」「これくらいなら大丈夫」と思うことで、極端な不安やストレスから自分を守っているのです。

▷ 非常事態でも「たいしたことない」と思う

災害時などに正常性バイアスが働くと、**本来であれば非常事態と判断すべきことを、「たいしたことない」と誤認する恐れ**があります。

実際に過去に起きた災害では、パニックによって逃げ遅れたケースよりも、正常性バイアスが作用して逃げ遅れたケースのほうが多いことが指摘されています[*1]。

非常時には、冷静な思考や判断が難しく、正常性バイアスに陥るリスクがあることを忘れないようにしましょう。

業績が傾いているのに、社長が危険だとわかっていないこともあります。

🔑 認知バイアスこぼれ話

ブラック・スワン理論

「ブラック・スワン理論」では、「ありえない」「起こるわけがない」と思われていたことが突然発生すると、人々に与える衝撃が増すと言われています[*2]。

スワン（白鳥）はみな白色だと思われていた時代に、黒いスワンが発見されたことから、希少な現象の比喩として「ブラック・スワン」と呼ばれるようになったようです。

この現象は自然災害のほか、予測が難しい金融業界で、金融危機を指すときなどにも使われています。

「安全になった」と感じると人はリスクを冒す

リスク補償

 見通しが悪く交通事故が多発していた道路が整備されました。
交通事故は減るでしょうか?

A 整備前より
減る

B 整備前と
同じ

C 整備前より
増える

▷ リスクが下がるとリスクの高い行動をとる

　道を広げたりガードレールをつけたりと、事故を防ぐために道路が整備されれば、当然、事故も減ると思うでしょう。しかし実際には、**道路を整備しても思ったほど交通事故が減らないケースがしばしば見られます**。それは、ドライバーが以前よりもスピードを出すなど、より危険な運転をするようになるからです。

　人は身の周りのリスクが低下したと感じると、**その分だけ、リスクの高い行動をとる**ことがあります。これを「リスク補償」と言います[*1]。安全性が高まったはずなのに、事故が減らないことの背景には、このような理由があります。

　タバコを低タールのものに変えると、以前より喫煙本数が増えるのも、このリスク補償の一例と言えます。

▷「安全かも」と思うときこそ危ない

「リスク補償」は、慣れや訓練によって自らの手でリスクをコントロールできる力が身についた、と思う場合にも生じます。たとえば、運転免許を取ったばかりの頃は安全運転を心がけていても、**運転に慣れてくると、制限速度以上のスピードを出したり、無理な追い越しをしたりするようになります**。

低タールだからいっぱい吸っても平気！

以前は本数を気にしながら吸っていたのに……

スパスパ

🔑 認知バイアスこぼれ話

リスクを追求しやすい人がいる？

リスクがあるとわかっていながらもリスクを追求することを、「リスクテイキング」と言い、個人差があることが知られています。リスクテイキングしやすい人と、しにくい人がいるということです。
また、「若気のいたり」という言葉があるように、一般に若い人は中高年よりも、リスクテイキングの傾向が強いようです。

「偽りの記憶」を研究

エリザベス・ロフタス

| Elizabeth Loftus | 1944〜 |

アメリカの認知心理学者。誘導される情報によって記憶が変わってしまう「偽りの記憶」について研究し、多くの実験結果を残しています。また、目撃証言の危うさや虚記憶について論じ、心理学者の立場で裁判に参加するなど、司法にも深くかかわっています。

📖 主な著書

• 『抑圧された記憶の神話』(共著)仲 真紀子 訳、
誠信書房、2000年

🔗 関連する認知バイアス

「虚記憶」(P.16)、「事後情報効果」(P.20)など。

第
3
章

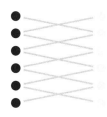

CHOICE

選ぶなら、こっち

選択
に関連する
バイアス

何かを選ぶとき、自分の意思で選択しているつもりでも、認知バイアスが働いていて合理的でない選択をしていることがあります。陥りがちな選択に関連する認知バイアスを紹介します。

変わるより「今のまま」がいい

現状維持バイアス

考えて
？
みよう

転職したほうがいい？
転職しないほうがいい？

仕事量や業務内容が今とほぼ同じで、給料や待遇が今よりもいい条件の会社に転職できるチャンスがあったら、あなたはどうしますか？

A　転職する

B　もう少し考える

▷ 変わる選択に「ブレーキ」をかける

　仕事の内容は変わらないのに、給料や待遇が今よりもいい会社があれば、迷わずに転職を選びそうです。しかし、実際にはすぐに決断できる人は少ないかもしれません。左ページの例題でBを選ぶ人の中にも、しばらく悩んだ挙句、結局は転職せずにそのまま同じ会社に居続けるケースもあるでしょう。

　この例では、転職という変化で今より家計が楽になるだろうと思う一方、たとえば通勤時間が増えて、家族と過ごす時間が減るかもしれないなどと思い、**変わることに自ら「ブレーキ」をかけることも考えられます。**

C　　転職しない

▷ 合理的なのに選ばないワケ

　左ページの例題でAを選べなかったのは、ほかに「職場環境や人間関係などに問題があるかもしれない」などと考えてしまったからかもしれません。**変わることにメリットとデメリットがあるとき、変わるよりも、変わらない選択をすることを「現状維持バイアス」と言います。**

　人は損失に敏感です。客観的に見て、**変わることのほうが合理的な選択であっても、非合理的な選択をすることがあります。**その場合、失敗などに対する不安や恐れといった心理的な要因のほかに、「損失回避」（下記の「キーワードさくっと解説」参照）がかかわっている可能性があります[*1]。

⊙ᴛ キーワードさくっと解説

損失回避

転職を例に考えると、現状維持という決断を下すまでに、人は現状と転職後を比較します。つまり、現在の状況を「参照点」として、転職後を想定します。このとき、人には「現状を下回る選択は何としても避けたい」と損失を回避する傾向があります。「損失回避の傾向」は、変わるか変わらないかの選択に限らず、手放すか手放さないかの選択（「保有効果」P.98）など、さまざまな選択場面で見られます。

選択
CHOICE

「もう半分しか」か「まだ半分も」か

フレーミング効果

ワインボトルの中身は、あとどのくらい？

もう半分しかない…

まだ半分もある

同じ「半分」でも、
言い方しだいで違って
見えることがあります。

▷ 言い方によって選択は変わる

　中身が同じ量でも、「半分しかない」と「半分もある」とでは、受ける印象は違うのではないでしょうか。

　このように、言い方しだいで、ものごとの受け取り方や、その後の選択は影響されます。**論理的には同じ内容であっても、表現方法の違いにより、その後の判断や選択が異なることを「フレーミング効果」と言います。**

▷ 「死亡率10%」より「生存率90%」がいい

　ある実験では、参加者に用意したデータを見せた上で、「A」と「B」の2種類の治療法のうち、どちらを選ぶかを尋ねました。このとき、半数の参加者には、2つの治療法を「死亡率」という枠組みから捉えたデータを見せました。

【A】直後の死亡率は10%、1年後32%、5年後66%
【B】直後の死亡率は0%、1年後23%、5年後78%

　一方、残りの半数の参加者には、同じ治療法を、「生存率」という枠組みから捉えたデータを見せました。

【A】直後の生存率は90%、1年後68%、5年後34%
【B】直後の生存率は100%、1年後77%、5年後22%

　すると、ただ言い換えているだけなのに、「死亡率」より「生存率」から捉えたほうが、【A】の治療法が選ばれやすいことがわかりました[*1]。死亡率のように「〜を失う」という枠組みから捉えた場合と、生存率のように「〜を得る」という枠組みから捉えた場合で、選択が異なるわけです。

失敗する可能性は
10%だね

成功する可能性は
90%だね

表現の仕方で受ける印象が違います。

クローズアップ!　**認知バイアス実験**

否定形で聞かれたほうが賛同しやすい?

同じ内容でも質問の仕方によって回答が大きく異なるという調査結果があります。たとえば、「『○○を認めるべきではない』と思うか」のように否定形を含む質問をされると、「『○○を禁止すべき』と思うか」と質問されるよりも賛同者が増えます。同様に「『××を禁止すべきではない』と思うか」と尋ねられると、「『××を認めるべき』と思うか」と尋ねられるより賛同者が増えます[*2]。これもフレーミング効果の1つです。

選 択
CHOICE

自分の持っているものは特別

保有効果

所有物は高値で売りたくなる

心理学者ダニエル・カーネマンらの実験では、参加者（売り手）は6ドル相当のマグカップをもらい、そのあと「いくらならカップを手放してもよいか？」と尋ねられました。また、カップをもらっていない参加者（買い手）は、「いくらならカップを手に入れたいか？」と尋ねられました。すると売り手は約5.3ドルと答えたのに対し、買い手は2.5ドル付近と答え、**両者で2倍以上も値段が異なりました。**

カーネマンらは、さらに条件をさまざまに変更して、同様の実験を行っています。しかし、結果はいずれも、売り手が買い手の2倍以上の値をつけ、売り手が「所有している」カップに高い値をつける傾向は変わりませんでした[1]。

読まないなら売れば？

ダメ！

「積読（つんどく）」もやがて保有効果になるかも……？

手放すとなると惜しくなる

行動経済学者リチャード・セイラーは、持っているだけで価値が上がる事例を検証し、これを「保有効果」と呼びました[2]。「授かり効果」と訳されることもあります。

たとえば、フリーマーケットなどで売り手のつけた値段に「高い！」と感じたことはないでしょうか。転売目的は別として、**人は自分が所有していたものを手放すときは、たとえ古着でも高い値をつけようとします。** 手放すという心理的痛みが、値段に反映されるのかもしれません。

クローズアップ！　**認知バイアス実験**

こんな場面でも保有効果が働く

保有効果を示す代表的な実験例が、もう1つあります。この実験ではアンケートの回答者を、マグカップをもらうA群、チョコレートバーをもらうB群、何ももらわないC群に分けました。回答を終えた段階で、希望者にはA群ならチョコレートに交換可能、B群ならマグカップに交換可能、C群はどちらか1つを選択できることを伝えます。結果、C群の選択率はほぼ半々で、好みに偏りがないことが確認されました。ところが、A群とB群ともに交換を希望した参加者は10%ほどでした[3]。つまり、数分前にたまたまもらったような品であっても、手放すという選択にはなりにくかったようです。

よくわからないものは選びたくない

曖昧さ回避

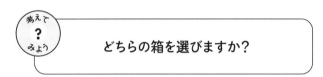

どちらの箱を選びますか？

当たると賞金がもらえる、くじ引きの箱が2つあります。
Aの箱にはアタリとハズレの玉が50個ずつ入っています。Bの箱にはアタリとハズレの玉が合わせて100個入っていますが、その割合はわかりません。
あなたは、どちらの箱を選びますか？

A

$$\frac{アタリ \ 50}{100}$$

B

$$\frac{アタリ \ ?}{100}$$

不確かな選択は避けたくなる

　左ページのような例では、ほとんどの人がAの箱を選びます[1]。Aの選択ではアタリが出る確率は50%だとすぐにわかります。一方、Bの選択でもアタリが出る確率は、平均すると50%になります。それなのに、Bの箱が選ばれないのはなぜでしょうか。Bの箱のアタリの確率は、よくわからないと思ってしまったからかもしれません。

　日常生活では、そうした不確実な事象が多々見られます。人は、出来事が**起きる確率がわからない曖昧な状況での選択を、できるだけ避けようとします。**この傾向を「曖昧さ回避」あるいは「不確実性回避」と言います。

結果の確率がわからないときに起こる

　曖昧さ回避は、リスク回避から起きるとは限りません。一般に、リスク回避は結果の確率が予測できるときに起きるのに対して、曖昧さ回避は結果の確率が不明なときに起きるとされています[2]。左ページの例でも、Bの確率に最初からピンとくる人もいるかもしれません。しかし、主観的に見て、**結果の確率が不明であったり、不明だと感じられたりすると曖昧さ回避が起きます。**曖昧さ回避は「期待効用理論」（右記の「キーワードさくっと解説」参照）が関係する場合もあるとされています。

人は、中身がわからない福袋より、中身のわかる福袋を選びたくなります。

🔑 キーワードさくっと解説

期待効用理論

不確実な状況で何かを選択しようとするとき、満足度などの主観的な価値が選択の鍵になります。主観的な価値は経済学の分野では「効用」と言います。
「期待効用理論」では、効用の期待値が選択の基準になると説明されています。たとえば、「1/2の確率で100円か0円のどちらかをもらう」と、「確実に50円もらう」という選択では、前者を選ぶ人が多いようです。しかし、100円を1万円に、50円を5千円に変えると、今度は後者を選ぶ人が増えるようです。

もったいないから引き返せない

サンクコスト効果

▷ 「今までの投資がムダになる」という罠

このまま続けたら確実に損をすることが予想できても、今までにつぎ込んだ労力や時間、費用を考えるとやめられない。このような現象を「サンクコスト効果」と言います。「サンクコスト」は日本語では埋没費用と訳され、**すでに払ってしまい、もはや取り戻すことができない費用**を指します。

たとえば、進行中のプロジェクトを見直す場合、もう回収できないサンクコストは考慮せず、今後の損益だけを考えて判断するのが合理的です。しかし実際には、**「今まで投資してきたリソースがムダになる」**と、過去の投資を諦めきれず、プロジェクトを継続することは多いでしょう。

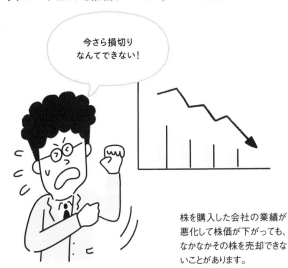

今さら損切りなんてできない！

株を購入した会社の業績が悪化して株価が下がっても、なかなかその株を売却できないことがあります。

▷ 元をとろうとして無理をする

ある実験では、観劇の年間チケットを、通常価格（15ドル）、低割引（13ドル）、高割引（8ドル）のいずれかの価格で販売しました。すると、期間の前半では、通常価格で購入した人が最も多く観劇に訪れ、次いで低割引、高割引という順でした（期間の後半では、観劇の回数に差はありませんでした）[1]。これはチケットを高い金額で購入した人ほど、**その支払い分を取り戻そうとして、興味のない作品でも見に訪れた**ためだと考えられます。

皆さんも、食べ放題で元をとろうとしたことはないでしょうか。そんなときに無理をして食べすぎると、体調を崩すなどして、かえって損をすることになります。

🔑 認知バイアスこぼれ話

コンコルド効果

超音速旅客機として開発されていたコンコルドは、燃費が悪く定員も少ないために、開発段階から採算がとれないことが確実視されていました。にもかかわらず、いったん動き出した計画を止めることができずに運航開始。結局、収益が改善しないまま、2000年には墜落事故が発生し、2003年に営業停止となりました。一説には数兆円の赤字を出したと言われています。このように、コンコルドの商業的失敗はサンクコスト効果の代表例であることから、サンクコスト効果は「コンコルド効果」とも呼ばれています[2]。

選択
CHOICE

現在志向バイアス

考えて
？
みよう

次の2つの選択肢があったら、
どちらを選びますか？

質問1

A 今すぐ
3万円をもらえる

B 1年後に
4万円をもらえる

質問2

A 1年後に
3万円をもらえる

B 2年後に
4万円をもらえる

▷ 今すぐに得られる利益を過大評価

「今すぐ3万円か、1年後に4万円か」と尋ねられると、「今すぐ3万円が欲しい」と答えたくなります。でもそう答えた人でも、「1年後の3万円か、2年後の4万円か」と尋ねられると、「2年後の4万円」を選ぶ人が多いのではないでしょうか。

どちらの場合も、1年多く待てばもらえるお金が1万円増えることには変わりないのに、**今すぐにもらえるお金には、特別な価値があるように感じます。**このように、今すぐに得られる利益を過大評価する傾向のことを「現在志向バイアス」と言います[*1]。

▷ 問題の解決を先送りする

現在志向バイアスがあることにより、童話の『アリとキリギリス』のキリギリスのように、**問題の解決を先送りにする可能性があります。**「喫煙者」「非喫煙者」「元喫煙者」に対して左ページのような課題を行った実験では、今すぐに手に入る利益を重視する傾向が、喫煙者により強く見られました[*2]。つまり、喫煙という現在の快楽を重視するあまり、喫煙者は自身の健康上の問題を先送りにしているのかもしれません。

現在志向バイアスは、喫煙に限ったものではありません。もしやめたくてもやめられないことや、すぐに始めたほうがいいのにできないことがあるのなら、現在志向バイアスを疑い、将来の利益を損なっていないか考えてみるとよいでしょう。

「甘いものを我慢して理想の体型になりたいけれど、目の前にあるおいしそうなケーキの誘惑には勝てない!」ということ、ありますよね。

🔗 関連する認知バイアス

時間割引

現在志向バイアスと関係が深い現象に「時間割引」があります。これは、何かを手に入れるまでの時間が長引くほど、その価値を小さく捉える現象のことです。時間の経過をX軸に、価値をY軸にすると、グラフが双曲線状になることから、「双曲割引」とも呼ばれています。

選択
CHOICE

おとり効果

 考えて？みよう

どのスマホを選びますか？

質問1

A 高性能だが
値段が高い
 6万円

B 性能はAより落ちるが
値段はAより安い
4万円

 うーん…

質問2

S 性能はAより落ちるが
値段はAより高い
 7万円

A 高性能だが
値段が高い
 6万円

B 性能はAより落ちるが
値段はAより安い
 4万円

 A！

▷ おとりの追加で選択肢の魅力が変わる

　一方の選択肢がほかの選択肢と比べて、すべてにおいて優れていれば、選択は簡単です。しかし多くの場合、選択肢にはさまざまな面で長短があるので、難しい選択を迫られます。左ページの質問1の場合、値段を重視すればBのスマホですが、そうすると性能は我慢することになります。

　このようなとき、**2つの選択肢のいずれかに対して劣った選択肢を追加すると、それが「おとり」になることで、一方の選択肢が選ばれやすくなります**[1]。これを「おとり効果」と言います。

　質問2では、おとりとしてAより性能が低いのに値段が高いSを加えたことで、Aは、Sよりも高性能だが安い商品として魅力が増します。一方、Bは安い以外の魅力がないことになり、Aのスマホが選択されやすくなります。

▷ 「松竹梅」は「竹」を選ばせる常套手段？

　おとり効果は身近な場面でもよく見られます。メニューに「松竹梅」といった3つのランクがある場合、「間をとって竹にしよう！」と思った経験はないでしょうか？

　この場合、「松」だけでなく「梅」もおとりの役目を果たしており、妥協の産物として「竹」が選ばれていると考えられます。このように、**中庸の選択肢が選ばれやすくなる現象を「妥協効果」と呼ぶこともあります。**

松　5,000円　　竹　3,000円　　梅　2,000円

「松」は高すぎるし、「梅」はうなぎが少なすぎる。ここは「竹」で妥協しよう、となりがちです。

🔗 関連する認知バイアス

対比効果

甘味の少ないスイカでも、塩をかけると甘く感じられます。また5kgの米袋をいきなり持つと重く感じるでしょうが、10kgの米袋を持ったあとだと軽く感じられます。
このように、何かと対比されることで、単独のときとは異なる感じ方をすることを「対比効果」と言います。おとり効果には、この対比効果も作用していると考えられます。

全然違う…!?

考えて みよう ?

国によって臓器提供の同意率が
大きく異なるのはなぜでしょうか?

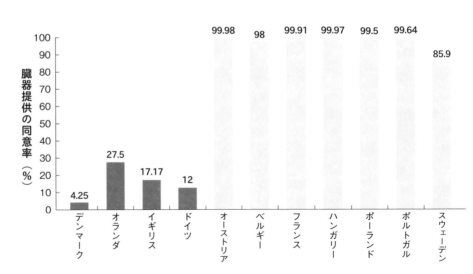

臓器提供の同意率（％）

	デンマーク	オランダ	イギリス	ドイツ	オーストリア	ベルギー	フランス	ハンガリー	ポーランド	ポルトガル	スウェーデン
	4.25	27.5	17.17	12	99.98	98	99.91	99.97	99.5	99.64	85.9

Johnson & Goldstein（2003）より作成

▷ 初期設定によって選択が変わる

　左ページのグラフで、同意率の高い国（黄色）と、低い国（灰色）とには、**実は臓器提供の同意に関する初期設定（デフォルト）という大きな違いがあります**。

　同意率の高い7カ国では、同意に関する初期設定が臓器提供を「する」になっています。一方、同意率の低い4カ国では、初期設定が臓器提供を「しない」になっているため、「する」に変えるには、書面などで意思表明をしなくてはなりません。

　実際に、ある実験を行ったところ、初期設定を臓器提供を「する」にした場合は同意率が82%だったのに対し、「しない」にした場合は、同意率が約半分の42%でした。また、初期設定がなく、自分で「する／しない」を選択する場合の同意率は79%でした[*1]。

▷ 人は初期設定を変更したがらない

　初期設定がない場合の同意率から、多くの人は臓器提供に否定的ではないことがわかります。しかし、**人は初期設定からの変更を積極的には行わない**ため、初期設定が臓器提供を「しない」になっている場合には、同意率が低くなると考えられます。これを「デフォルト効果」と言います。

> 1回しか利用していないショップから何年もメルマガが届く…

> 配信を停止したら？

普段の生活でも、ネットで買い物をした際などにメルマガの購読がデフォルトになっていたために、興味のないメルマガが送られ続けている、という人もいるでしょう。

◎┅ 認知バイアスこぼれ話

ひじでつついて知らせる

デフォルト効果を使って、人々の選択を無理なく望ましい方向に導く取り組みが各国で行われています。英国やアメリカでは、確定拠出年金の加入者が少ない状況を変えようと、「加入」をデフォルトにしたところ、加入率が上昇しました。ここで重要なのは、「加入しない」という選択肢が残されていることです。個人の意思を尊重しつつ、選択に誘導するこのような方法は、ノーベル経済学賞を受賞した行動経済学者リチャード・セイラーらによって「ナッジ（ひじで軽くつつくという意味）」と名づけられています[*2]。

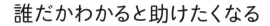

誰だかわかると助けたくなる

身元のわかる犠牲者効果

名前や詳しい情報がわかると
積極的に援助したくなる

クローズアップ！　認知バイアス実験

情報が明確になると効果的

知らされた個人情報が明確になるほど、身元のわかる犠牲者効果は強くなります。ある実験で、1人の援助対象者に対して、個人情報が「ない」「年齢のみ」「年齢と名前」「年齢、名前、顔」の4条件で比較したところ、「年齢、名前、顔」の条件で、最も寄付したくなることが示されました[*2]。

え！
かわいそう…

インドに住む
5歳のアイシャちゃんは
食べるものがなく…

統計情報では助けたくならない

　世界の飢餓や難民についてのニュースで、「犠牲者が〇万人いる」という統計情報が伝えられたときと、「〇〇ちゃんが危機に瀕している」と個人の様子が報道されたときでは、どちらのほうが、「寄付しよう」という気になるでしょうか。

　アフリカの飢餓問題についての実際の報道を題材にした実験で、参加者は、実在するチャリティー団体から寄付の依頼状を受け取りました。半数の参加者への依頼状には、マラウイでは推定300万人の子どもが飢餓状態にあるなどの「特定できない犠牲者」に関する情報が載っていました。一方、もう半数の参加者への依頼状には、アフリカのマリに住む7歳のロキアという女の子が飢餓の危機にあるという「特定できる犠牲者」の情報が写真とともに載っていました。その結果、**「特定できない犠牲者」よりも、「特定できる犠牲者」の情報を受け取ったときのほうが寄付額は多くなりました**[*1]。

特定できる犠牲者を助けたくなるワケ

　誰なのか特定できない犠牲者より、特定できる犠牲者に対して、より多くの援助を行おうとすることを「身元のわかる犠牲者効果」と言います。特定できる犠牲者への援助が多い理由としては、個人情報を見たほうがより感情が動きやすいことや、自分が行った行為がもたらす効果をより認識しやすいことなど、さまざまな説明が考えられています。

選択
CHOICE

確実じゃないと選べない

確実性効果

商談が成功する確率は?

80%から
85%に上がったよ

ハァ…

やったー!!

95%から
100%に上がったよ

どちらも同じ「5%アップ」なのに、「100%に上がったよ」と言われたときのほうが、断然うれしくなります。

▷ 上がった率は同じ「5%」なのに……

左ページの例では、商談が成功する確率がどちらも5%上がっています。しかし、95％から100％への変化のように、**わずかでも不確実だったことが確実になったとき、数値が示す以上に大きな変化があったように感じられます**。これを「確実性効果」と言います。

同じことは、まったく可能性がなかったことに、わずかながらでも可能性が生じたときにも起こります。**成功率0％だった商談が、たった5％でも可能性が見えたとき、心境に大きな変化が生じます**。これを「可能性効果」と言います。

主観的な確率が、客観的な確率と一致しないことはよく知られていますが、とくに0％と100％付近では、その差異が大きくなる傾向があるのです[*1]。

▷ 悪い結果についての確率でも

確実性と可能性の効果は、よい結果だけでなく、悪い結果についての確率でも生じます。

たとえば手にとった商品のパッケージに、国産原料98％と書かれている場合と、100％と書かれている場合では、感じ方が異なるでしょう。「化学調味料がまったく使われていません（つまり0％）」とうたわれている場合と、「化学調味料は2％未満です」と言われる場合でも、同じく感じ方が異なります。

あとの2%は何？

国産原料100％と98％では、印象が大きく変わります。

🔑 認知バイアスこぼれ話

宝くじや保険にお金を使うワケ

心理学者ダニエル・カーネマンによると、可能性が低くても利得が大きい場合には、人は大きな利得を夢見てリスクを追求しようとします[*2]。この代表的な例が宝くじで、当たる確率が極めて低くても、「買わなければ当たらない」と思い、くじを購入する人は多いでしょう。
一方、可能性が低くても損失が大きい場合には、リスクを回避しようとします。代表例は保険で、人は大きな損失を恐れるあまり、可能性の低い事故や病気に対しても高額な保険料を支払ったりします。

選択
CHOICE

イケア効果

既製品よりも魅力的に見える

組み立て式の家具を、それなりの時間と労力をかけて完成させたところ、後日店頭で、まったく同じ家具の既製品が売られているのを目撃。こんな場合、自分で作った家具のほうが「断然いい！」と思いがちです。

ひと手間かけた商品の魅力

1940年代、あるアメリカの食品会社が「水と混ぜて焼くだけ」のホットケーキミックスを販売しましたが、なかなか普及しませんでした。しかし「自分で卵や牛乳を加える」という「ひと手間」を追加すると、売上が急速に伸びました[2]。そのひと手間が商品の魅力を高めたのかもしれません。

後日店頭で……

組立済 000円

僕の作った棚のほうが断然いいな!

▷「自分で作る」ことがミソ

家具などを自分で組み立てると、既製品を買うより余計な手間と時間がかかりますが、そのぶん特別な愛着がわくのではないでしょうか。このように、私たちは**自分で作ったものの価値を過大評価する傾向**があります。これを、組み立て式の製品を多く扱っているスウェーデン発の家具量販店のイケア（IKEA）にちなんで「イケア効果」と言います。

本物のイケア製品を使った実験では、参加者の半数はイケアの収納ボックスを組み立て、それに払ってもよい値段を答えました。もう半数の参加者は、既製品の収納ボックスを検品し、値段を答えました。その結果、**自分で組み立てた人のほうが、平均的に高い値段をつけました**[1]。

▷ 自分が作ったものは誰にとっても魅力的?

イケア効果は、自分が作ったもののでき栄えの良し悪しにかかわらず生じます。ある実験では、参加者は自分が作った折り紙の作品に、専門家が作った作品とほぼ同じ価値を見出し、ほかの人も同じように評価すると考えていました。しかし、本人以外の参加者に尋ねたところ、その折り紙の作品は「ほとんど価値がない」と評価されました。つまり、**端（はた）から見たらほぼ無価値な作品を、作った本人だけは、「誰の目から見ても価値のある作品だ」と信じていた**と言えます。

なお、このような効果が生じるには、自分が手掛けただけではなく、最後まで完成している必要があります[1]。

思いがけず手に入れたお金は散財したくなる

メンタル・アカウンティング

次のような場合、あなたは
観劇のチケットを買いますか

A

5000円で購入し
たチケットを落とし
てしまった
（観劇をするには、
チケットをもう一度
買う必要がある）

B

チケット代と同額
の5000円を落とし
てしまった

▷ 同じ金額でも違う行動をとる

　左ページの質問は、ある実験をアレンジしたものです。その実験では参加者に、Aのように「観劇をしようと思って10ドルのチケットを購入したものの、現地でチケットを落としたことに気づいた」というシナリオを示しました。すると、**「チケットを買い直す」** と答えた人は**46%**でした。

　一方、Bのように「窓口でチケット代を払おうとしたところ、ポケットに入れていた10ドルを落としたことに気づいた」というシナリオでは、**「チケットを買う」と答えた人は88%**に上りました[1]。

▷ 心の家計簿のせいで非合理な選択をする

　どちらも10ドル分の価値を失ったのに、チケットを買う人の割合に違いが見られたのは、私たちが心の中に家計簿のようなものを持っており、その費目に基づいて収支の計算をしているからだと考えられています。これを「メンタル・アカウンティング（心理会計）」と言います。

　この場合、チケット代は心の中で「娯楽費」に分類されるため、**チケットを買い直すと、娯楽費の支出をさらに増やす**ことになります。一方、現金は、まだどの費用にも分類されていないため、紛失しても、当初の予定通り娯楽費として10ドル支出することに抵抗を感じにくいのです。

パーッと使っちゃおう！

ギャンブルで手に入れたお金は、心の家計簿では「あぶく銭」として、「生活費」とは別の費目に振り分けられるので、ムダ使いしがちです。

🔗 関連する認知バイアス

心理的財布

メンタル・アカウンティングとよく似た考えに「心理的財布」があります。この考え方を提唱した心理学者の小嶋外弘らは、商品などを購入する際の出費に、どれだけの心の痛みが伴うかを調査しました。そしてその結果をもとに、「心理的財布」を生活必需品、財産、文化・教養、外食など9つに分類しました[2]。ただし、所有する心理的財布の種類や大きさは、個人によっても異なります。そもそも「外食」という心理的財布を持たない人もいれば、反対に「外食」の心理的財布が大きく、いくらお金をかけても心が痛まない人もいるでしょう。

選択
CHOICE

専門家が言っているのなら従おう

権威バイアス

肩書きのある人が薦めているとそれらしく見える

何が書かれているか
よくわからないけど、
買ってみようかな

〇〇氏も
認めた！

権威が
こわく
なくなる本

ふーん

著名人が薦めているという理由
だけで、中身を確かめずに本を
買ったことはありませんか？

▷ 権威者の指示には従ってしまう

地位や肩書きのある権威者から薦められたり、指示や説得を受けたりすると、内容をよく吟味しないまま受け入れる傾向を「権威バイアス」と言います。

このバイアスは、制服のような見せかけの権威であっても機能します。たとえばある実験では、通りすがりの人に声をかけ、パーキングメーターの前で小銭がなくて困っている人に10セントをあげるよう指示しました。そのとき、指示した人が警備員の服装をしていた場合には、**ほとんどの人が従いました**[1]。人々は、警備員がこのような指示をすることに正当性はないと認識していましたが、警察官の制服とも見紛う警備員の服装を見て、自然と指示を受け入れたのです。

○○協会　会長
○○○ジャパン　理事
○○会社　代表取締役
○○○○コーディネイター

すごい人だ…

▷ 肩書きや服装にも権威性を感じる

身なりから社会経済的地位が高いと思わせるだけでも、権威バイアスは生じます。そして**権威者の存在は、規則違反のような社会的に禁止された行動を促すこともあります。**

ある実験では、プレスしたてのスーツ、磨かれた靴など、高い身分を象徴する服装の男性が、目の前で信号無視をすると、同じように信号無視をする人が増えました[2]。

立派な服装、高い装飾品、肩書きの多い名刺などは、詐欺師が自分を権威者に見せかける常套手段でもあります。見かけにだまされないよう注意する必要があるでしょう。

> 🔑 認知バイアスこぼれ話

権威への服従実験

権威バイアスの最たる例が、心理学者スタンレー・ミルグラムが行った権威への服従実験です。この実験では、学習を促すための「罰」という設定のもと、参加者が教師役を担い、生徒役となった初対面の他者に電気ショックを与えるよう指示されました。「罰」として与える電気ショックは徐々に強くなり、最後には危険なレベルに達します。しかし、著名なイェール大学の実験室で、白衣のような実験服に身を包んだ責任者が指示をすると、多くの参加者は電気ショックを与え続けました（ただし初対面の他者はサクラで、実際は電気ショックは流れていませんでした）[3]。

選択
CHOICE

たくさんあると、かえって選べない

選択肢過多効果

考えて
？
みよう

ジャムが多く売れるのは
AとBのどちらの店でしょうか？

A **24種類のジャムを
そろえている店**

選択肢の数と満足度の関係

選択肢が多い場合、選んだあとの満足度が低くなることも知られています。しかし、これは自分のための選択に限られます。他者の代わりに選択をする状況では、選択肢が多いほうが満足度が高くなるようです[3]。

B 6種類のジャムをそろえている店

選択肢が多いから売れるとは限らない

直観的には、品ぞろえのよいAの店のほうがたくさん売れると思うでしょう。確かに、同じ店を使って行われた実験では、試食用ジャムが24種類あった場合、通りがかった客の約60%が立ち止まったのに対し、6種類の場合は約40%で、選択肢が多いほうが客の興味を引きました。

しかし、どちらの場合も**実際に試食するジャムの数に違いはなく**（平均2種類未満）、**購入にいたった客の割合では逆転しました。**6種類の場合が約30%だったのに対し、24種類の場合はわずか3%だったのです[1]。

このように**選択肢が多すぎることによって、かえって選択が妨げられる現象**を「選択肢過多効果」と言います。

選ぶための時間と労力がストレスに？

選択肢が多いことによって選択が妨げられるのは、**たくさんの商品の中から1つだけを選ぶには時間と労力がかかり**、ストレスになるからだと考えられます。また、「もしこれを選ばなかったらどうなるか」「もし別の商品を選んだらどうなるか」といった想像をしやすく、その際に後悔が予想されることも、購買意欲を下げる一因と考えられています。

ただ、選択肢過多効果は、選択する時間に制限があったり、自分の好みが明確ではない場合に顕著になるようです[2]。時間がふんだんにあり、自分の好みがはっきりしていれば、選択肢が多いのは悪いことではないかもしれません。

選択
CHOICE

少ないものは魅力的に見える

希少性バイアス

「限定」されると欲しくなってしまう

残りあと2台です!

会員限定

SALE!

販売終了まであと2日!

残り台数や販売期間、購入資格が限られていると、希少だと感じやすくなります。

▷ 残りわずかなほうに魅かれる

たとえばおいしそうな2種類のケーキのうち、1種類は残りわずかで、もう1種類はまだ何個も残っていたときに、「残りわずかなケーキ」のほうを選びたくならないでしょうか。

私たちは、**手に入りにくかったり限定されていたりすると、その商品を魅力的に感じて、より価値があるように思う傾向があります**。こうした傾向を「希少性バイアス」と言います。この現象が起きる理由の1つには、そもそも一般的に、手に入りにくいものは、それ自体が貴重で価値があることがあげられます。

明日こそ！

プリン
本日
売り切れ

それほど欲しくなかったのに「売り切れ」と言われると、かえって欲しくなってしまうことがあります。

▷ 希少性に価値を感じるワケ

もう1つの理由は、**希少性が高いと、「もう二度とそれを手に入れられないかもしれない」**と感じるからです。私たちは手に入れる自由を奪われると、それを回復しようとして「何としても手に入れたい」と思うようです。これを「心理的リアクタンス」と言います（下記の「キーワードさくっと解説」参照）。その顕著な例が、恋人同士を引き裂こうとすると、かえってその2人の恋心を燃え上がらせるという「ロミオとジュリエット効果」です[*1]。

心理学者ロバート・チャルディーニによると、希少性に魅せられるのは、とくにあるものが新たに希少になったとき、そして他者と競い合うときだとされています[*2]。お店などで見かける「残り○台」「期間限定」といった文句も、希少性を高める手法としてよく用いられています。

☞ キーワードさくっと解説

心理的リアクタンス

行動の自由を脅かされたり、選択の自由を奪われたりすると、人はその自由を回復したいと強く願います。このような状態を「心理的リアクタンス」と言います[*3]。
この現象はさまざまな場面で生じます。典型的な状況としては、行動を強制されたり、選択肢が制限されたりしたときです。「絶対にやるべき」や、「絶対にやるべきではない」などと言われると反発したい気持ちになるのは、このためです。

選択
CHOICE

量よりも単位で判断してしまう

単位バイアス

同じ「中ジョッキ」を頼んでも、店によって量は違います。しかし人は量よりも、「何杯飲んだか」にとらわれがちです。

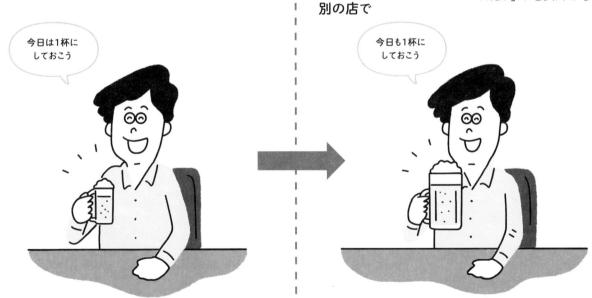

▷ 1人前がちょうどいいはず

　多くの食品は、あらかじめ決められた単位で売られています。また外食したときにも、事前に決められた分量が出てきます。そのため私たちは、1人前や1皿、1杯など、1つの単位としてまとめられたものは適切な分量であり、「残さずに食べなければ」と思いがちです。同時に、少しもの足りないと思っても、それ以上は食べすぎだと考えます。

　このように、**1単位としてまとめられたものが、適切かつ最適な量であると考える傾向**を「単位バイアス」と言います。

▷ 判断の基準に単位が使われる

　お菓子を無料提供した実験では、その日に用意されたお菓子のサイズによって消費量に違いが見られました。レギュラーサイズの半分のお菓子が用意された日は、一貫して総消費量（総グラム数）が少なくなりました[*1]。つまり、提供されるお菓子のサイズが半分になったからといって、人は個数を2倍にして、レギュラーサイズと同じ量を食べるわけではないようです。このように**私たちの消費活動は、総量より、単位によって左右される**ことがわかりました。

　1単位というまとまりで認識されるのは、食べ物だけに限りません。映画や遊園地の乗り物なども、時間の総量ではなく、「1本」や「1回」という単位で数えられます。本を読むときに、「ともかく1章分を読もう」と思うことも、単位バイアスが影響していると考えられます。

とりあえず
この1章分だけは
読まなきゃ！

「1章分」という単位に引きずられて、ページ数が多くてもがんばるときがあります。

クローズアップ！　**認知バイアス実験**

お菓子のサイズを小さくすればダイエットになる？

　ある実験では、課題に取り組んでいる間、提供されたキャンディを「好きなだけ食べてよい」と参加者に告げました。その結果、提供されたキャンディのサイズが大きかった参加者も、小さかった参加者も、平均的に同じ数のキャンディを食べました[*2]。つまり、1単位あたりの分量を減らせば、自然とお菓子の摂取量も減らせるようです。

認知バイアス
人物ファイル ③

人の心を動かす説得手法を解明

ロバート・チャルディーニ

Robert Cialdini　　　　　　1945〜

アメリカの社会心理学者。人の心を動かす説得手法とマーケティングについて研究し、多くの業績を残しています。中古車販売店のセールスや、募金の勧誘などの仕事に潜入してプロのテクニックを学び、人を説得するメカニズムを解明した著書は、ベストセラーになっています。

📘 主な著書

• 『影響力の武器［第三版］』社会行動研究会 訳、誠信書房、2014年

🔗 関連する認知バイアス

「権威バイアス」（P.118）、
「希少性バイアス」（P.122）など。

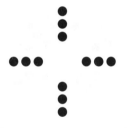

BELIEF

絶対、こうに違いない

信念
に関連する
バイアス

「自分は正しい」「メディアは偏っている」など、誰もがさまざまな思い込みを持っていますが、こうした信念はときに事実と違っていることがあります。信念に関する認知バイアスは日常にあふれています。

信念
BELIEF

いい噂より悪い噂のほうが気になる

ネガティビティ・バイアス

ネガティブな評価が気になってしまう

ポテトチップス 新商品モニタ結果

◎おいしい!
◎素材の味がする
◎食べやすい
◎歯ざわりがいい
◎価格がお手頃

△塩気が強すぎる

う、うむ…

新商品のモニタ調査をしたら圧倒的に高評価ばかりなのに、少数のネガティブな評価がどうしてもひっかかる……。こんな経験はありませんか?

▷ 人は悪い情報に敏感

　ほめられたときの言葉は覚えていなくても、叱られたときの言葉はいつまでも忘れられません。**ポジティブな情報よりネガティブな情報に注意を向けやすく、それが記憶にも残る**現象を「ネガティビティ・バイアス」と言います。

　たとえば、著名人がそれなりに評価される仕事をしても、さほど世間の関心を集めることはありません。しかしスキャンダルや失言があると、一気に世間の関心が高まります。

　ある実験では参加者に、感情に関連する単語2語をペアにして提示し、その2語を結びつけて覚えてもらいました。1週間後、ペアの並び順を変えたり、新しいペアを混ぜたりして、参加者に覚えた単語かどうかを「はい／いいえ」で答えてもらいました。すると、ネガティブな単語のペアに対しては、1週間の時間を経ても記憶が保たれていることが確認されました[1]。

> ### 🔗 関連する認知バイアス
>
> ### ポジティビティ・バイアス
>
> 高齢者ではネガティブな感情を感じにくくなり、ポジティブなことに関する記憶の割合が大きくなる「ポジティビティ・バイアス」が生じます。それはなぜでしょうか。そこには、ネガティブな情報の処理を減少させ、ポジティブな情報の処理を強化するという、感情の調節に重点を置いた認知の仕組みが働いているからだと考えられています。ただ、幸せなどをより感じるようになる半面、リスク認知が弱くなることは否めないようです[3]。

▷ ネガティビティ・バイアスと加齢の関係

　ネガティビティ・バイアスは年をとると変化することがわかっています。実験では、19〜21歳の参加者20人と、56〜81歳の参加者20人に、「ポジティブな画像」「ネガティブな画像」「中立的な画像」を見てもらい、それぞれの画像を評価しているときの脳の活動を調べました。

　その結果、若い参加者ではネガティブな画像のときに脳で強い反応が見られましたが、高齢の参加者ではポジティブな画像もネガティブな画像も同程度の反応しかなく、ネガティビティ・バイアスは見られなかったということです[2]。

初対面のとき……

あ、ども…

このバイアスは他者の印象形成においても起こります。どんなに感じのいい人でも、「初対面のとき感じが悪かった」というネガティブな印象が、いつまでも尾を引くことがあります。

信念
BELIEF

不作為バイアス

> ヘタに意見を言うより、
> 黙っていたほうがいいよね

人は、やったことで悪い結果になるより、やらなかったことで
悪い結果になるほうが、まだましだと考える傾向があります。

誰か提案は
ないか？

こんな案は…

その提案は
今必要ないだろう！

どっちにしても
文句を言われるなら
黙っておこう

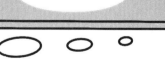

野球の審判による「不作為バイアス」

野球でバッターがツーストライクに追い込まれて、次の球を見送ったとします（スリーボール、ツーストライクのときを除く）。すると審判は31％の確率で、ストライクゾーンの球を「ボール」と誤審するというデータがあります。これはツーストライク以外で見送った場合の誤審率の2倍です。審判には、自分の判断でバッターアウトになる事態を避けようとする無意識の「不作為バイアス」が働いていると考えられます[4]。

どうしてみんな意見を言わないんだ？

……

▷ 嘘はついていないから問題ない？

何かをする「作為」と何もしない「不作為」を比べた場合、どちらでも害が生じるときには、人は**不作為よりも作為のほうをネガティブに捉える**傾向があります[1]。これは「不作為バイアス」として知られています。原因の1つは、やらなかったことよりも、やったことのほうに強い「意図」が感じられるからだと指摘されています。

またある実験では、道徳的判断において、偽りを伝える「作為の嘘」よりも、あえて何も言わない「不作為の嘘」を甘く判断する傾向が見られました。その傾向は子どもより大人で強く、不作為バイアスが働くことによって、**「嘘をついていないから問題ない」**と考えてしまうようです[2]。

▷ 「何もしない」ほうを選んでしまうワケ

ある実験では、我が子にインフルエンザワクチンを接種するかどうかを決めなければならない仮の状況を、参加者に設定しました。すると、「インフルエンザで死亡する可能性はワクチン接種により低くなる」こと、また「ワクチン接種が原因で死亡する可能性は非常に低い」ことがわかっていても、参加者は「接種する」ことに消極的でした[3]。こうした傾向は、ほかの研究でも確認されています。たとえ救われる人のほうが犠牲者よりも圧倒的に多いとしても、**人は「死」のリスクが少しでもある選択を、自分ではしたくない**のです。

信念

BELIEF

否定されるとムキになる

バックファイア効果

反対の意見を言うと逆効果になることがある

この間教えてくれた件だけど、反論があって…

何それ! 絶対に私の意見のほうが正しい!

自分が信じる情報や考えを、誰かに否定されたり誤りを指摘されたりしたとき、あなたならどうしますか?

132

かえって自分の考えに固執してしまう

　人は、自分が信じたくない情報や、自分に都合が悪い証拠を知ると、**考えを改めるよりも、それを拒否して当初の考えや信念をより強めてしまう**ことがあります。これを「バックファイア効果」と言います。

　この効果が知られるきっかけとなったアメリカの実験では、まずすべての参加者に、ジョージ・W・ブッシュ大統領（当時）の演説の記事を読んでもらいました。この演説は、大量破壊兵器保有を根拠にイラク戦争を正当化する、という内容のものでした。そのあとに半数の参加者にのみ、「大量破壊兵器はなかった」と結論づける報告書をCIAが発表した記事を見せました。すると、2つ目の記事を読んだ保守層の参加者は、記事を読んでいない保守層よりも、「フセインは発見される前に大量破壊兵器を隠したり、廃棄したりしたのだ」という説を強く支持する傾向が見られました*1。

バックファイア効果が起きるケースは少ない？

　ただしその後の研究では、**バックファイア効果が見られるケースは限定的**であることが報告されています。8000人以上を対象に、のべ36の政治的問題を扱った実験で、バックファイア効果が生じたのは、イラクの大量破壊兵器保有に関するものだけでした*2。この結果から、**事実に基づいた情報であれば、たとえその人の信念に反するものであっても、耳を傾ける人は多い**と言えそうです。

あなたが言うことはもっともだけど、別の考え方もあるようだよ

そうなの？

相手の意見をいったん受け入れた上で反論するほうが、話に耳を傾けてくれるかもしれません。

クローズアップ！　**認知バイアス実験**

両面提示が効果的？

- -

相手と異なる意見を伝えるときには、頭ごなしに否定せず、お互いの意見を同時に示してから相手の意見の問題点を指摘したほうが、納得してもらえるかもしれません。

説得に関する研究では、両面提示が効果的なことが知られています。これは、一方的に自分の意見を伝えるより、反対の立場の意見も併せて示し、それに反論するというものです。たとえば禁煙を促したい場合、喫煙によるメリットとデメリットを同時に示した上で、メリットを否定するほうが効果的というわけです*3。

信念

BELIEF

行列ができる店につい並んでしまう

バンドワゴン効果

みんなが「賛成」するなら
僕も「賛成」かな

賛成！

賛成！

賛成！

ぼ…僕も
賛成です！

どちらにするか決めかねていると
きには、多数が支持している意
見に乗っかりたくなります。

▷ 流れに乗り遅れまいとする

　ビジネスの場で、自分の意見がどっちつかずのときに、多数派の意見に乗っかったことはありませんか？　また、行列ができている人気の飲食店に並びたくなったり、ブームになっている人気商品を欲しくなったりしたことはありませんか？

　世の中の評判や流行に見られるように、**多くの人に支持されている物や人は、さらに選ばれやすくなる**という現象があります。パレードで楽隊を乗せた車両（バンドワゴン）に観衆がひきつけられた様子になぞらえて、こうした「勝ち馬に乗る」現象のことを、「バンドワゴン効果」と言います[*1]。

　この効果は、「仲間と同じ物を持ちたい」「仲間に入りたい」といった欲求から生じると考えられます。つまり、同じ物を持っている人が多いほど、自分もそれを持つことによる満足度が増すというわけです。

▷ 少数派を支持したくなることもある

　バンドワゴン効果と対照的に、**少数派の意見を支持したくなる**現象を、「アンダードッグ効果」と言います。アンダードッグは「かませ犬」「負け犬」という意味です。

　たとえば、選挙前の予測で劣勢だと伝えられた候補者が、予想以上に票を獲得して大逆転したという結果は、アンダードッグ効果によるものと言えるでしょう。

Aを応援するぞー！

オー！

私だけはBを応援しよう！

「Bを応援する人が少ないから、自分だけでも応援しなくちゃ」と考える場合もあります。

🔗 関連する認知バイアス

スノッブ効果

人にはときに、「他者と同じ物は持ちたくない」という欲求が生じることがあります。人と違う物を手に入れることで満足度が増す現象は「スノッブ効果」と呼ばれています[*2]。このように人の意思決定は、物の特性それ自体がすばらしいかどうかではなく、他者の意思決定や行動といった外的な影響によっても左右されます。

誰かが得をすると自分が損をする

ゼロサム・バイアス

「みんな評価がいい」なんてありえない

人事評価がよくて
ホッとした！

俺も！

みんな評価が高いと
いうことは
僕はきっと評価が低い…

私も！

面接室

自分より先に人事評価を受けた
人が全員「A評価」をもらって
いたら、自分の評価はきっと悪
いだろうと考えてしまいがちです。

▷ 差し引きの合計はゼロになるはず

　自分の会社の人事評価が相対評価ではないことを知っていても、周りが高い評価を得ていたら、自分の評価が低くなるのではと感じてしまう……。このような考えに陥ったことはないでしょうか。

　誰かが得をしたら、それと同じぶんだけ誰かが損をして、差し引きの合計（サム）がゼロになる状況を「ゼロサム」と呼びます。

　人類は、大昔から限られた資源を取り合って暮らしてきました。そのため、実際にはゼロサムではない状況でも、**誰かが得をしたら、そのぶん誰かが損をするはずだと直観的に考えがちです**。このような思い込みを「ゼロサム・バイアス」と言います。

▷ 成功は他人の犠牲の上に成り立つ!?

　状況がゼロサムだという信念は、絶対評価であることをあらかじめ明確に知らされている状況でも維持されることが、実験で確かめられています[1]。

　そして、実際にはゼロサムではないにもかかわらず、状況をゼロサムだとみなすことで、**「他者が成功したせいで自分が失敗したのだ」** とねたんだり、交渉において **「自分が得をするには相手が損をするしかない」** と考えたりすることが起こります。その結果、さまざまな場面で必要のない競争心や誤解を生むことがあります。

「全員、人事評価がよかった」という結果になることもあります。

クローズアップ!　**認知バイアス実験**

移民問題とゼロサム・バイアス

ゼロサム・バイアスは移民問題にも影響を及ぼしています。カナダ人とアメリカ人を対象としたある研究では、「移民が経済的な利益を上げるほど、元からここに住んでいるカナダ人／アメリカ人は経済的に損をする」といった、移民に対するゼロサム信念の強さを測定しました。すると、移民に対するゼロサム信念が強い人ほど、移民に対して否定的な態度を示し、接触を避けることが明らかになりました[2]。

信 念
BELIEF

メディアの情報を鵜呑みにする人って多いよね

第三者効果

自分以外はメディアの影響を受けやすい

人は、メディアの情報を真に受けるのは自分以外の「第三者」だと思いがちです。

▷ 第三者はメディアの影響を受ける

マスメディアの情報に触れたときに、**「自分はメディアの情報に影響されることはないが、他者（第三者）は影響されるだろう」** と考えることを、社会学者のフィリップス・デヴィソンは「第三者効果」と名づけました[*1]。

この効果を検証するため、デヴィソンは、1978年のニューヨーク市長選挙における報道の影響や、子どもに対するテレビ広告の影響など、4つのトピックについて調査を行いました。自分自身への影響と他者への影響を尋ねたところ、いずれのトピックについても、**他者への影響力を高く見積もる**ことがわかりました。同様の傾向は、その後もさまざまなトピックでくり返し確認されています。

▷ 結果的に自分の行動も左右される

他者に対してのメディアの影響を過大に捉えることで、結果的に**自分の行動が左右される**ことがあります。

たとえば、「トイレットペーパーがなくなる」というデマが流れていることをニュースで知ると、「それはデマだ」と思っていても、「ほかの人はデマを信じて買い占めるかもしれない。そうなる前に自分も買っておこう」と考え、トイレットペーパーを買いに走るかもしれません。そのため、誰もデマを信じなかったとしても、売り場からトイレットペーパーがなくなるという現象が生じるのです。

デマにだまされた人に、買いだめされる前に買っておくか

「それはデマだ」と思っていても、自分の行動が変わることがあります。

🔗 関連する認知バイアス

逆第三者効果

第三者効果は、メディアによって伝えられるメッセージが「望ましくないもの」である場合に、顕著に見られます。
それとは反対に、社会や自分にとって望ましいメッセージに触れた場合は、「逆第三者効果」が生じることもあります。公共性があったり、健康増進などを目的としたりするメディア報道では、自他への影響の見積もりに差がなかったり、他者よりも自分のほうが影響を受けやすいと考えたりする傾向が報告されています[*2]。

自分は正しい！ ほかの人が間違っている

ナイーブ・リアリズム

当然みんなも自分と同じ意見になるはず？

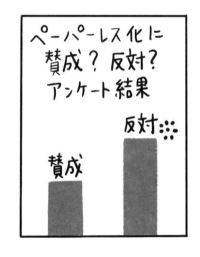

人は、「自分は合理的な判断をしたから、周囲も自分と同じ意見のはずだ」と思い込みがちです。

▷ 自分は現実を客観的に見ている

多数決を採ったら、自分の予想と実際の結果が違っていて驚いたことはありませんか？ これは、現実の捉え方に関する素朴な信念が影響していると考えられます。この信念を「ナイーブ・リアリズム」と言います[*1]。

ナイーブ・リアリズムには、**「自分は現実を客観的に見ており、自分の意見は、得た情報をそのまま冷静かつ公平に吟味した結果だ」** という自分に関する信念と、「同じ情報に触れて、同じく合理的に検討したなら、**ほかの人も自分と同じ意見になるはずだ」** という、他者に対する信念の両方が含まれます。つまり私たちは、自分は正しく、その正しさを他者とも共有できるはずだと素朴に信じているのです。

ペーパーレス化に
反対なんて
わかってない！

自分の意見には疑問を持たず、ほかの人の考え方がおかしいと判断してしまうことがあります。

▷ 意見が違うのは相手に問題があるから？

ナイーブ・リアリズムにはさらに、他者と意見が食い違ったときの理由に関する信念も含まれます。食い違いを経験したとき、私たちは「きっとこの人は自分とは違う情報を見たんだ」「この人は合理的な考え方ができない人なんだ」と考えたりします。また、「この人は自分の主義主張や利益のためにゆがんだ見方をしているのだ」と考えることもあります。

このように、**自分と意見が食い違うのは相手に問題があるからだとする信念**は、ときに他者との間に対立を生む原因になります。

クローズアップ！　**認知バイアス実験**

視点の違いが解釈の違いをもたらす

1951年に行われたダートマス大学とプリンストン大学のフットボールの試合は、開始直後からけが人が続出し、審判の警告が飛び交う大荒れのゲームでした。後日この試合を題材に、次のような研究が行われました。まず両校の学生に試合の映像を見せ、試合中に生じたルール違反とその激しさの程度を評価してもらいました。すると、お互いが異なる見方で試合を解釈し、相手チームを非難していたことが明らかになりました。さらに、両校で意見が違うことがわかると、「自分と相手が見ている映像が違うはずだ」という、ナイーブ・リアリズムに基づく主張が見られました[*2]。

信 念
BELIEF

敵対的メディア認知

メディアは向こうの政党に肩入れしている…

中立的な選挙報道であっても、「この報道は特定の政党の意見に偏りすぎているのでは?」と感じてしまうことがあります。

B党の主張ばかり
取り上げている

メディア・シニシズム

報道の仕方によっても視聴者の印象は異なります。社会問題やその解決策といった政策論争よりも、候補者同士の対立や選挙戦での戦略に焦点を当てた報道は、有権者の政治に対するシニシズム（冷笑的な態度）のみならず、報道機関へのシニシズムも増大させる可能性が指摘されています[3]。また、「報道が偏っている」と考える敵対的メディア認知が高い人ほど、報道機関全般への不信感も高いという研究結果もあります[4]。

A党に偏った
報道ばかりだ

B党

▷「偏った報道だ」と感じるのはなぜ？

選挙報道を見ているとき、「この番組はいつも偏った報道ばかりをしている」と思ったことはありませんか？　自分とは反対の立場、つまり**敵対する立場にメディアの報道が偏っている**と考えることを「敵対的メディア認知」と言います。

「ナイーブ・リアリズム」（P.140）で説明したように、私たちは、自分が現実を客観的に正しく認識していると考えています。そして、自分とは違う立場の意見は不正確でゆがんでいるとみなしがちです。そのため、たとえ双方の意見をバランスよく含んだ中立的な報道が行われていても、そこに自分と異なる立場の意見が含まれていれば、「偏った報道だ」と感じるのです。

▷ 同じニュースを見ているはずなのに

このバイアスに関して、「イスラエル系の民兵組織によるパレスチナ人虐殺事件」のニュースを題材にした実験が行われています。まったく同じニュース動画を大学生に見せたところ、親イスラエル派の学生は「反イスラエルに偏向した報道だ」と評価したのに対し、親アラブ派の学生は「反アラブに偏向した報道だ」と真逆の評価をしました[1]。

なお、このようなバイアスはさまざまな話題において見られました。また、**その話題に関心を持って強くかかわっている人ほど、バイアスが強く示されました**[2]。

「日本人」って真面目だよね

ステレオタイプ

職業によってキャラクターができあがる？

うわ〜
「銀行マン」って感じ！

あ〜
「テレビ業界の人」っぽい！

銀行マンといえば「真面目できっちりした服装」、テレビ業界で働く人といえば「ちょっとチャラチャラしていて、カジュアルな服装」といった思い込みがありませんか？

▷ 集団のイメージに人をあてはめる

銀行マンは「真面目で神経質そう」とか、テレビ業界で働く人は「明るくて調子がいい」などと、職業を聞いただけで性格をイメージすることはありませんか？ ほかにも、「女性は機械に弱い」「イタリア人は陽気」などと決めつけていることがあるかもしれません。

このように、職業、性別、人種、外見的特徴など、**さまざまなカテゴリーで区分された集団やそのメンバーに対する固定観念（思い込み）**を「ステレオタイプ」と言います。語源は、ステロ版（鉛版）という印刷技術で、転じて「型を用いて印刷されたかのように同じもの」を意味します。

▷ 決めつけが偏見や差別を生む

たとえば「日本人」と聞いてどんなことを連想するでしょうか。ある調査では、「自己主張がない」「個性がない」「真面目」「働き者」といった言葉が共通して挙がりました[*1]。

ステレオタイプ的な見方は、**その集団をよく知っているかどうかにかかわらず生じるもの**で、情報を過度に単純化していると言えます。わかりやすい反面、**個人を集団の特性で見てしまう場合**があり、それは間違っていることもあります。

自分がステレオタイプ的な見方をされたらどう思うかを考えてみたり、自分が発言するときに、そのような見方に陥っていないか立ち止まって考えてみることも、ときには必要かもしれません。

就職活動などの際には、「○○大学」「○○学部」といったステレオタイプに当てはめて、能力や人柄などが評価されることがあります。

 関連する認知バイアス

アンビバレント・ステレオタイプ

ステレオタイプは、能力と人柄の2つの側面から捉えられます[*2*3]。ただし、2つの側面がともに高い（または低い）ことはまれで、一方の側面が高くなると、もう一方が低くなること（たとえば「政治家は有能だが人柄は悪い」というイメージ）が一般的です。このように2つの側面で相反する評価が共存しているステレオタイプを、「アンビバレント・ステレオタイプ」と言います。

信念

BELIEF

善い行いのあとは悪い行いも許される？

モラル・ライセンシング

今日はがんばったから
席を譲らなくてもいいよね？

今日は休んだ同僚の
ぶんも仕事をしたし…

さっきのバスでは
席を譲ったし…

優先席

モラルのない行動に対して、
免罪符が与えられているような
気持ちになることがあります。

▷ がんばったあとはハメを外してもよい!?

　普段からほかの人のためにがんばっていると、ときには少しハメを外してもいいかな、と思うことがあります。このように、**「善い行いのあとは悪いことをしてもよい」** というお墨付きや許可証（ライセンス）をもらったような気になり、**善い行いが抑制されたり、悪い行いをしやすくなったりする現象**を、「モラル・ライセンシング」と言います。

　ある実験では、他者を援助した経験を思い出してもらったあとで、今後1カ月間に慈善事業への寄付やボランティア活動をする可能性を尋ねました。すると、とくに何もしていない普段の日を思い出してもらったあとに比べ、これらの「社会的に望ましい行動」をする意図が低いことが示されました[*1]。

▷ 悪い行いを善い行いで帳消しにする

　悪い行いのあとには善い行いが起きやすくなる、という反対の傾向もあります。

　先ほどの実験で、「他者を援助した経験」の代わりに「他者を利用した経験」を思い出してもらうと、「社会的に望ましい行動」を進んでしようとする意図が見られました。**善い行いをすることで、自己イメージの回復を図っている**と考えられます。

　人間は道徳的に「善」でありたいと願う一方で、「社会のルールに縛られずに自由に生きたい」という欲求も持っています。モラル・ライセンシングは、こうした心の働きに起因すると考えられます。

俺はいつも一生懸命働いてるんだ!

いつも真面目に働いていると、少々だらしがない姿を見せても、大丈夫だと思ってしまいます。

クローズアップ!　**認知バイアス実験**

消費行動におけるモラル・ライセンシング

モラル・ライセンシングは、消費行動の場面でも生じます。たとえば、ボランティア活動など、人のために善い行いをすることを想像したあとで商品を選択させると、日常生活に必要のない贅沢品が選ばれやすくなることが報告されています[*2]。善い行いをしたあとでは、利己的、刹那的な消費が行われやすくなるようです。

信念
BELIEF

イケメンは仕事もできる？

ハロー効果

Webサイトがおしゃれな会社は信用できる？

このサイト
かっこいいし
見やすい！

よし！この会社に
頼もう！

そんな決め方で
いいの？

一部のよい面だけ
を見て「すべて素
晴らしいはず」と
信じてしまうことが
あります。

▷ 一部を見て「すべてよし」と思ってしまう

おしゃれで機能的なWebサイトを見て、きちんと仕事をする会社だろうという印象を持ったことはないでしょうか。

私たちは、**人や物の一部の優れた点を目にしただけで、そのすべてが優れているだろうと判断する**ことがあります。これは「ハロー効果」と呼ばれ、人や物の目立つ特徴によって、それを含むすべてがその特徴の方向に評価される現象のことです。「ハロー」が宗教画などで聖人の背後に描かれている光背を指していることから、「光背効果」とも言われます。

何？　あの人…
え！　うちの社長!?

見かけで人を判断してはいけません。

▷ 見かけで判断するのはキケン

心理学者エドワード・ソーンダイクは、第一次世界大戦中、軍隊の指揮官に、部下の体格、知性、リーダーシップ、性格の4つの資質について評価するよう依頼しました。すると、4つの資質を個別に評価するよう、あらかじめ指示したにもかかわらず、「体格」の評価は「知性」「リーダーシップ」「性格」の評価との間に高い相関関係があることが示されました。

これは、**「体格がいい」と評価された人は、「知性もリーダーシップも性格もすべて優秀だ」という見方**が働いたからだと考えられます。ソーンダイクは、同時期に行った大企業の従業員を対象とした評価調査でも、軍隊と同様の結果が見られたことを報告しています[1]。

クローズアップ！　認知バイアス実験

魅力的だと刑は軽くなる？

ある実験で参加者は、強盗事件と詐欺事件の説明文を読んで判決を下すように指示されました。すると強盗事件では、魅力のない被告よりも、魅力のある被告に対して寛大な判決が下されました。しかし詐欺事件では、そのような結果は見られませんでした[2]。強盗事件では、「こんな魅力のある人が強盗をするなんて、何か理由があるのかも」という考えが働き、詐欺事件では、「自分の魅力を使って犯罪を起こすなんて」という考えが働いたと推測されます。

信念
BELIEF

自分はわりとイケているほうだと思う

平均以上効果

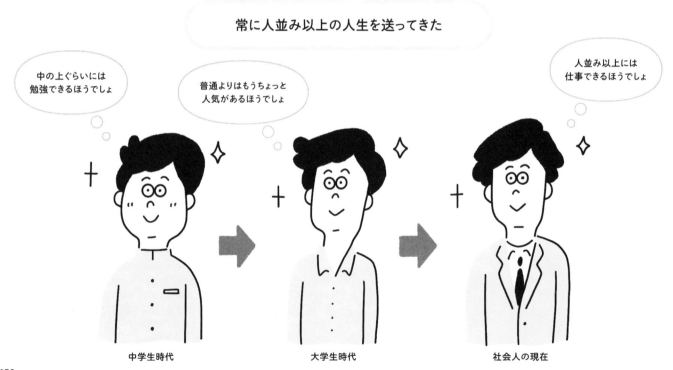

自分は「平均以上だ」という幻想

あなたは会社で仕事ができるほうですか？　自信満々に「よくできる」とまでは言えなくても、**「まあ人並みにはできるほうだ」**と自負している人が多いのではないでしょうか。

フランスの調査では、ビジネスマネージャーの90%が、自分の専門性に関して、平均的な同僚よりも優れていると評価したといいます。他国の調査でも、「自分は平均以下だ」と評価したのはたった1%でした。また、アメリカの調査では、外科医の多くは自分の担当患者の死亡率は平均よりも低いと考えていることが示されました[1]。

ある特性や能力において、**自分は平均的な他者よりも優れていると考える**ことを、「平均以上効果」と言います。

「自分は人より運転がうまい」と考えるワケ

平均以上効果は、欧米では、倫理観、知性、忍耐力、魅力、健康、運転など、さまざまな面で実証されてきました。日本では、欧米ほどはっきりした結果は見られないようです。

平均以上効果には、**自己奉仕や自己高揚といった自己を肯定するバイアスが関係する**とされています。しかしそれだけではなく、自己に焦点化した判断のプロセスも関係しているとも言われています[2]。

つまり、**自己に過度に注目する**ことによって、他者と自己を比較し、「他者よりも優れている」あるいは「劣る」（右の「関連する認知バイアス」参照）と判断してしまうわけです。

売上順位は平均以下かも…

「平均以上効果」とは逆に、「平均以下効果」が見られることがあります。

🔗 関連する認知バイアス

平均以下効果

平均以上効果とは逆に、自分の特性や能力が平均的な他者より劣っていると考えることを、「平均以下効果」と言います。たとえば自分にとって専門性が高い領域のスキルには平均以上効果が見られ、低い領域のスキルには平均以下効果が見られることがあります[3]。平均以下だと判断するのは、たとえ自己中心的に見たとしても、「自分の専門分野でなければ他者のスキルと十分に比較できない」からかもしれません。

第4章　信念

数値があるだけで、つい信じてしまう

ナンセンスな数式効果

人は数学的な要素が
含まれているほうを評価する

それらしい数値や数式が書いてあると、何となく価値
が高いような気がしてしまいます。

〇〇研究報告

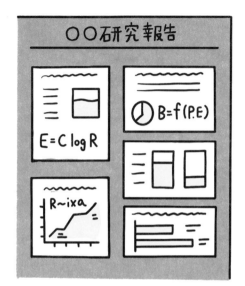

こっち！

数式があるだけで評価が上がる

あなたが新企画のプレゼンをする際には、根拠となる数値や数式をつけたほうが、説得力が増すでしょう。仮にそれが無意味なものであっても、**数学的要素を入れるだけで評価がぐんと上がるかもしれません**。

ある実験では、大学院の学位を持っている参加者に2つの研究論文（進化人類学と社会学）の要約を見せて、研究の質を評価してもらいました。このとき、一方の論文の最後に、「逐次的な効果を説明するための数理モデルが提案されている」という一文とともに、数式をつけました。

実は、この数式は無関係な論文から借りてきたもので、ここではまったく意味をなさなかったのですが、数式をつけた論文のほうが質が高いと評価されました[*1]。

数学に弱い人ほど盲信してしまう

このように、説明文の中に数値や数式のような数学的要素が含まれていると、それがまったく意味のないものであっても、**説明文の全体的な価値が高いと誤って判断されます**。これを「ナンセンスな数式効果」と言います。

先の実験では、論文が扱っている内容にかかわらず、**とにかく数学的要素があることが、高評価を得る上で重要**とされています。そして、このような盲目的な数学信仰は、人文科学や社会科学など、数学、理学、工学になじみのない学問分野の人で強く見られました[*1]。

幸せのメカニズムを研究

ダニエル・ギルバート

Daniel Gilbert	1957〜

アメリカの社会心理学者。「感情予測（将来の出来事に対する感情の状態を予測すること）」の研究では第一人者とされています。将来の出来事に関する感情を予測すると、実際に感じるときよりも過大評価する傾向があることを確かめた研究などで有名です。

📖 **主な著書**

🔗 **関連する認知バイアス**

•『**明日の幸せを科学する**』熊谷淳子 訳、早川書房、2013年

「**インパクト・バイアス**」（P.60）など。

第

5

章

CAUSALITY

きっと、これのせい

因果
に関連する
バイアス

私たちは出来事の原因を、「それは○○のせい」
と自分に都合よく解釈しがちですが、実はそこ
に因果関係がないこともあります。気づかない
うちに原因を取り違える認知バイアスに陥って
いるかもしれません。

因果
CAUSALITY

ドキドキするのは好きだから？

誤帰属

つり橋で芽生えた恋は
ニセモノ？

ぐらぐら揺れるつり橋の上で魅力的な異性に出会ったときのほうが、しっかりと固定された橋の上で出会ったときよりも、相手に好意を抱きやすいかもしれません。

素敵な人…!

ジェットコースターでも誤帰属は起こる？

「つり橋実験」に似たこんな実験もあります。遊園地でジェットコースターの乗車を待っている男女と、乗り終えた男女それぞれに、異性の写真を見せて魅力度を尋ねました。すると男女ともに、乗車後のほうが写真の異性を魅力的だと評価したのです。しかし同乗者が恋人や配偶者のときには、乗車前の人と乗車後の人で魅力度に差はありませんでした。ちなみに同乗者の魅力を聞いたところ、乗車後のほうが低い傾向が見られました。汗や髪の乱れなどにより、身体的魅力度が下がっていたからではないかと推測されています[2]。

あ、どーも

人はその感情の原因を間違えることがある

気に留めていなかった人とたまたま事故現場で会ったら、ドキドキして「実は好きなのかな」と思うかもしれません。

「つり橋実験」として知られる実験は、カナダにある高さ70メートル以上のつり橋で行われました。魅力的な女性が、通りかかった男性に調査への協力を依頼し、最後に「あとで詳しく実験の説明をしたい」と電話番号を渡したところ、受け取った18名のうち9名が電話をかけてきました。一方、頑丈に固定された橋の上で同じ実験を行った場合は、16名中2名でした[1]。不安定なつり橋を渡るときには、恐怖からドキドキすることがあります。そんなときに魅力的な女性に声をかけられると、こうした生理的興奮が、**その女性への好意から生まれたと勘違い**することがあるのです。

ものごとの原因を推測する過程を、心理学では原因帰属、あるいは単に帰属と言います。そしてこの例のように、原因を取り違える現象を、「誤帰属」と呼びます。

原因の取り違えが起きないケース

誤帰属は、取り違えられる原因がもっともらしいものでなければ起きません。たとえば「つり橋実験」では、男性調査者が、通りかかった男性に協力依頼をするという実験も行われています。その場合には、つり橋でも固定された橋でも電話をかけてくる人はほとんどいなかったことから、**誤帰属は起きていなかった**と考えられます。

第5章

因果

因果
CAUSALITY

偽薬効果

目が覚めたのはコーヒーのおかげ？

ありがとう！
もらったコーヒーのおかげで
目が覚めたよ！

カフェインレス
なんだけど…

「効く」と思って飲んだり食べたりすると、本当は効く成分が入っていなくても、確かに効いている気がすることがあります。

▷ え!? 本当はカフェインレス?

　コーヒーを飲んで「眠れない」と思っていたら、実はカフェインレスだったり、咳止めの錠剤を飲んで「咳が止まった」と思っていたら、実は間違えて胃薬を飲んでいたり……。このように、実際には有効成分が入っていない飲み物や薬でも、**「効く」と思い込んで飲むと、本当に症状が改善される**ことがあります。この現象を「偽薬効果」または「プラセボ効果」といいます。「プラセボ」は英語のpleaseと同じ語源で、ラテン語で「喜ばせる」という意味の語に由来しています。

この薬の効能は…

しっかりと説明を受けて、効能を理解して服用すると、「効き目」が高まることがあります。

▷ 偽薬効果は期待によって生じる

　医療の場での偽薬効果は、薬の効き目に対する患者の期待によって生じるとされています。期待は、過去の経験や他者の治療経過の観察、治療に関する説明などによってつくられます。また医療提供者の態度や感情、やり取りのスタイルなどにも強く影響されることが報告されています[1]。

　そこで、新薬の開発では「二重盲検法」という試験法が用いられます。参加者をランダムに2群に分けて、同時に同期間、一方には偽薬、もう一方には新薬を投与して結果を比較します。このとき期待などのバイアスが結果に影響しないよう、どちらが偽薬群なのか医師にも参加者にもわからないようにして試験を実施します。この方法で**明らかに偽薬を超えた効果が認められれば、新薬が承認され**るのです。

🔗 関連する認知バイアス

ノセボ効果

プラセボ効果とは対照的に、副作用を心配する患者によって、偽薬なのに実際の薬と同じような副作用が出てしまうことを「ノセボ効果」と言います。ノセボの語源もラテン語で、「害する」という意味です。
二重盲検法の中で偽薬を投与された参加者に副作用が見られたことが、この効果の最初の報告となりました[2]。

因果
CAUSALITY

成功は自分のおかげ、失敗は周りのせい

自己奉仕バイアス

成功したのは自分の努力の賜物

失敗したときは問題の難しさや運のせいにして、成功したときは自分の能力や努力のおかげと考えやすいものです。

▷ 失敗の理由を自分以外に求める

試験に合格したり、仕事がうまくいったりすると、私たちは「自分の能力が高かったから」「がんばったから」と考えがちです。しかし、逆のことが起きたときは、「能力不足だったから」「がんばらなかったから」とはあまり考えません。むしろ、うまくいかなかったのは、「試験が難しかったから」「商談の相手が悪かったから」と考えるのではないでしょうか。

このように、**成功の理由を能力や努力といった自分の内的要因に求め、失敗の理由を自分以外の他者や環境に求める**ことを、「自己奉仕バイアス」と言います。

▷ 期待通りの結果は自分のおかげ

人は失敗より成功することを期待して行動します。そのため、成功したときには自分の期待通りなので「自分の能力（内的要因）のおかげ」と考え、失敗したときには期待に反するので「自分以外（外的要因）のせい」と考えます。このように結果を捉えることが、このバイアスの原因とされています[1]。また、**成功したことを自分の貢献とすることにより、他者に対して自分のポジティブなイメージを示そうとする動機**がかかわっているという説もあります[2]。

自己奉仕バイアスは誰にでも起こりうるもので、**精神的健康**ともかかわっています。このバイアスがあるから、私たちは自尊心を失うことなく、心穏やかに、そして前向きに日々を送ることができている、という側面もあります。

同じ優勝者なのに、欧米人と日本人とではコメントが大きく異なることがあります。

クローズアップ！ **認知バイアス実験**

自己奉仕バイアスには文化差がある？

日本人では、自己奉仕とは逆に、原因を自己卑下的に考える傾向があるようです。こうした傾向は文化差だけでなく、自己のあり方（自己概念）の違いもかかわるとされています[3]。集団に所属したり、他者との協調を維持したりすることでポジティブな自己像を持つ人は、自己よりも他者に焦点化します。そのため、お互いの自尊心を高め合う関係を優先するように、成功の原因を考える可能性があります。そこで上記のイラストのようなコメントが出てくることもあるのです。

因果
CAUSALITY

視点が変わると原因も変わる？

行為者−観察者バイアス

自分の失敗は周りのせい
他人の失敗はその人のせい

自分が「行為者」であるか、「観察者」であるかで、ものの見方が変わってしまうことがあります。

他者の身になると原因は変わる

観察者であっても、行為者の視点に立つと、行動の原因を人の能力ではなく状況に帰属することが報告されています。ある実験では、ビデオの中の人物の「感情」を想像して共感的に観察する参加者と、その人物の「動作」に注意して観察する参加者とに分けました。そしてビデオ観賞後に人物の行動の原因を推測してもらった結果、共感的に観察した参加者は、動作を観察した参加者よりも、原因を状況に帰属する傾向が強いことが明らかになりました[2]。

次の日…

あのデータどこにやったっけ？

整理整頓ができないやつだなぁ！

▷ 行為者と観察者で原因の帰属が異なる

自分がデータをなくしたり物を壊してしまったりしたときには、「仕事が多いから」「こんなところに物が置いてあるから」などと状況や対象のせいにするのに、他人が同じことをしたときには、「整理整頓ができないから」「そそっかしいから」などと、その人の能力や性格、努力不足などのせいにしたことはないでしょうか。

自分が行為者のときには状況に原因があると考え、観察者のときには行為者自身の内的要因に原因があると考えることを、「行為者-観察者バイアス」と言います。

▷ 視点と情報の違いがバイアスを引き起こす

行為者と観察者とで原因の帰属が異なる理由として、次の2つが関係すると考えられています。

1つには**両者の視点が異なる**こと。行為者は周囲の様子のみを見て行動するため、周囲の中で目に留まる状況や対象に原因を帰属しやすくなります。一方、観察者は人物と周囲が描かれた絵を鑑賞するように、行為者を「周囲の中の人物」として見るため、人に原因を帰属しやすくなります。

もう1つは**利用できる情報の違い**です。行為者は自分の過去の行動に関する情報と、現在の行動とを照らして考えることができます。一方、観察者はそうした情報を持っていないため、自分が目にした行動から容易に推測できるその人の能力や性格などに原因を帰属するわけです[1]。

因果
CAUSALITY

私たちってすごいよね

内集団バイアス

自分と「同じ集団」の人だとわかると優遇してしまう

あら！こっちの人は
私と同じ出身地なのね。
この人にしましょう。

自分と同じ出身地や大学と
いうだけで、そうではない
人たちよりも有能であると
感じてしまうことがあります。

▷ どちらかを選ぶなら「身内びいき」する

採用面接に応募してきた2人が似たような経歴で、どちらを採用しようか迷っていたところ、そのうちの1人はたまたま、あなたと同じ県の出身でした。さて、あなたはどちらを採用するでしょうか？ 条件がほぼ同じなら、同じ県の出身者に気持ちが傾く人は多いかもしれません。

人は、実際にはそれほど差がないにもかかわらず、**自分と同じ集団（内集団）に属するメンバーの能力を、それ以外の集団（外集団）に属するメンバーよりも高く評価**したり、優遇したりする傾向があります。こうした「身内びいき」のことを「内集団バイアス」と言います。

○○大学の後輩か！
仲よく頼むよ

「同じ集団」であることに気づくと、好意的な態度になることがあります。

▷ 身内びいきは自分の価値を高めるため？

報酬を分配する実験では、無意味な基準でランダムに分けられた、匿名の参加者による集団であっても、人は自分の所属する内集団のほうに、より多く報酬を分けることがわかりました[1]。

そもそも人は、「私は○○が得意です」といった個人的アイデンティティのほかに、「私は○○社の社員です」といった、所属している集団に関連する社会的アイデンティティも持っています。そしてその所属する集団の特徴を、自分はどういう人間かという「自己概念」の一部に取り込んでいるのです。

つまり、**自分が所属する集団の優越性を高めると、その集団に所属している自分の価値も間接的に高められる**ことから、内集団バイアスが起きると考えられています。

> 🔗 関連する認知バイアス
>
> ### 黒い羊効果
>
> 内集団のメンバーになじめない人がいると、人はその相手を卑下したり、排除したりする傾向があります。好ましくない内集団メンバーは身内びいきの対象とはならず、むしろ差別される傾向があることは、実験でも確認されています[2]。こうした現象は、白い羊の群れに一匹だけ黒い羊が混ざっていると排除されるという聖書の故事にちなんで、「黒い羊効果」と呼ばれています。

被害に遭ったのは自己責任？

被害者非難

スリに遭ったのは本人が悪いからでしょ

財布を盗まれて…

電車の中でウトウト
していたんじゃないの？

本人の責任ではないことで
も、「本人が悪い」と責
めてしまうことがあります。

▷ 被害者なのに責められるのはナゼ

　不運にも事件や事故に巻き込まれた人は「被害者」であり、その人には何の非もありません。それにもかかわらず、**被害者にも何らかの落ち度があるように、彼らが責められるケース**があります。これを「被害者非難」と言います。

　私たちは幼少期からの経験を通して、世界は公正で安全で、突然不運な目に遭うことはないという信念（公正世界仮説＝右下の「関連する認知バイアス」参照）を持っています。しかし現実には、その信念が脅かされるような事件や事故が起きることがあります。そのとき私たちは、**「被害者が悪いことをして罰が当たったからに違いない」**という因果応報的な考えに基づいて、被害者を非難することがあります。そうすることで、もともとの自分の信念を維持しようとしているのです。

▷ 被害者非難は事件や事故だけではない

　被害者非難は、いじめや病気、貧困などに関しても起こることがあります。また、就職難で仕事がなかなか見つからない人に対して、「スキルを磨かないからだ」「必死に職を探していないんだろう」などと**不当に責めたりする**ことも、被害者非難の一例です。

　被害者の中には、被害者非難によって周りから**誹謗中傷などの二次被害**を受け、その結果、被害を訴えることを諦めたり、逆に自分を責めてしまったりする人もいるようです。

自己責任だ！

あなたにも落ち度があったのでは？

SNS に悩みを書いたら、「自己責任」というコメントを書き込まれて、さらにつらくなることもあります。

🔗 関連する認知バイアス

公正世界仮説

ある実験では、参加者に電気ショックを受けて苦しむ被害者の様子を観察してもらいました。被害者の印象を参加者に尋ねたところ、人柄などを非常に低く評価しました[1]。これは「世界は公正である」という参加者の信念によって、「被害者は苦しむに値するような人に違いない」と見なされたためだと考えられます。

因果
CAUSALITY

それはあなたのせい

基本的な帰属のエラー

クイズ番組の司会者は知識が豊富?

2021年の世界の総人口は、②の約78億7500万人でした!

司会者は答えを知っていて当たり前なのに、まるで知識が豊富であるかのように見えることがあります。

▷ 行動の原因がその人自身にあると考える

　ビジネスの場で取引先が約束の時間を間違えたら、「だらしがない人だ」と思うのではないでしょうか。でも実際には、あなたの部下が先方に連絡ミスをしたのかもしれません。

　私たちは他者の行動の原因を考えるとき、本人の性格や能力のような、**その人自身にかかわる内的要因を重視し、周囲の状況などの外的要因は軽視**する傾向があります。この傾向は、他者の行動の原因を考えるときに普遍的に見られることから、「基本的な帰属のエラー」と呼ばれます。

▷ 状況の影響を見落としてしまう

　ある実験で、観察者は出題者1名と解答者1名がクイズゲームをするところを見ていました。このゲームでは、出題者は自分の得意分野から難しいクイズを10問考えて出題し、解答者は平均4問に正解しました。

　ゲームのあと観察者に、出題者と解答者の一般知識がどの程度あると思うか尋ねたところ、「出題者は非常に博識だ」と評価した一方で、「解答者は平均的な学生と同じ程度だ」と評価しました[*1]。

　出題者は自分の得意分野から難しいクイズを作成しているので、解答者の正解率が低いのは仕方のないことです。それなのに、状況の影響を考慮に入れずに、**「解答者の正解率が低いのは、出題者の能力が高いからだ」**と判断したため、このような評価になったと考えられます。

ちょっと！

クレーマーだ…

目の前の人が怒っているのは、その人がクレーマー気質だからではなく、店員の対応がひどすぎたからかもしれません。

◉ 認知バイアスこぼれ話

文化によって考える原因が違う？

　ある研究では、原因の帰属の文化差について調べるために、アメリカで発行されている代表的な英字新聞と中国語の新聞の記事を比較しました。実際に起こった2つの事件の報道内容を見ると、英字新聞では犯人の性格のような内的要因に、中国語の新聞では社会情勢などの外的要因に、事件の原因を帰属しやすいことが示されました[*2]。これは、欧米とアジアでは、原因の考え方が異なることを示した一例です。

人を動かす「ナッジ理論」を提唱

リチャード・セイラー

Richard Thaler	1945〜

アメリカの経済学者。強制や命令で人を動かすのではなく、人間の心理を応用し、知らず知らずのうちに善い方向へと誘導することで、経済効果を上げる「ナッジ理論」を提唱。こうした行動経済学の研究で、2017年にノーベル経済学賞を受賞しています。

📖 主な著書

📎 関連する認知バイアス

•『NUDGE 実践 行動経済学 完全版』(共著)
遠藤真美 訳、日経BP、2022年

「メンタル・アカウンティング」(P.116)など。

第

6

章

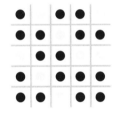

TRUE OR FALSE

やっぱり、思った通り

真偽

に関連する

バイアス

予想に合う結果を探してしまう「確証バイアス」、何度も聞いているうちに真実に思えてくる「真実性の錯覚」……。真偽を考えるときに陥りがちな認知バイアスを紹介します。

あなたは晴れ女？ それとも雨女？

真 偽
TRUE OR FALSE

錯誤相関

それは本当に関係している？

社長、晴れましたね！

私は晴れ男なんだ！

私は雨女だけど…

「自分の行動」と「天気」の間に関連性はないのに、「関連性がある」と思うときがあります。

▷ 血液型と性格に関連性はない

イベントの日に晴れると「晴れ男だから」とアピールしたり、雨が降ると「雨女かも」と申し訳なく思ったり。私たちは直感的に、さまざまな出来事の間に関連性を見出しがちです。しかし、**実際には関連性はなく、思い込みであることも多いのです**。このように**2つの出来事の関連性を誤って認識**することを「錯誤相関」と言います。

たとえば、日本人は「あの人はA型っぽいよね」「彼はB型だからマイペースだ」などと、血液型と性格を関連づける傾向があります。しかし、実際には血液型と性格の関連性には科学的根拠がないことが明らかになっています。

▷ 少数派は悪いイメージを持たれやすい

錯誤相関はさまざまな形で生じますが、一般的に**少数派は悪いイメージと関連づけられる**ことがわかっています。

少数派のメンバーは多数派のメンバーより目立ちます（女子10人の中に男子が1人など）。また、大半の人は社会のルールを守っているため、問題を起こす人は目立ちます。そして私たちは、目立つ出来事は実際以上に頻繁に起こっていると推測する傾向があります。そのため、実際には問題を起こす頻度に差がなくても、**「少数派のメンバーのほうが問題をよく起こしている」**という誤った関連性が見出されるのです[1]。このような少数派に対する思い込みは、差別や偏見の原因の1つになります。

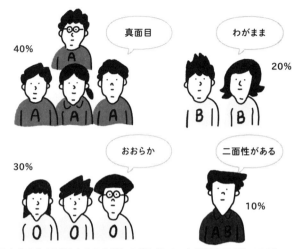

日本人の約70%を占めるA型とO型に比べ、少数派のB型とAB型に対しては、「ちょっと変わっている」などマイナスイメージを挙げがちです。

∂ 関連する認知バイアス

疑似相関

2つの出来事の間に因果関係がないにもかかわらず、背後にある別の要因の影響により、統計上は関係があるように見えることを「疑似相関」と言います。たとえば「アイスがよく売れる日は、水難事故も多い」という実際のデータがあります。これはもちろん、「アイスを食べると水難事故に遭う」のではなく、気温が高い日にはアイスがよく売れ、かつ、海水浴に行く人が多いことで事故の件数も増えただけで、アイスの販売数と水難事故の件数には直接的な因果関係も、間接的な因果関係もありません[2]。

予想に合う結果を探しがち

確証バイアス

考えて
？
みよう

下の4枚のカードを見て、問いに答えてください。

どのカードにも、表にはアルファベット、裏には数字が書かれています。「表にアルファベットの大文字が書かれたカードの裏には、奇数が書かれている」という仮説が正しいかどうかを判断するためには、最低限どのカードをめくる必要がありますか？

仮説に一致する証拠ばかり集めてしまう

　左ページの問題の正解は「Rと2をめくる」です。しかし、多くの人は「Rと5をめくる」と答えることが実験で示されています[1]。「表に大文字が書かれたカードの裏には奇数が書かれている」という仮説の正しさを証明するには、「『表に大文字、かつ裏に偶数』という仮説を否定する証拠が存在しない」ことを、確かめる必要があります。しかし、多くの人は、「表に大文字、かつ裏に奇数」という、**仮説を肯定する証拠のほうを集めがちです。**

　このように、自分が立てた「〇〇は××だろう」という仮説が正しいかどうかを検証するときに、仮説に一致する証拠を優先的に探す一方で、**仮説に反する証拠にはあまり注意を払わない傾向を「確証バイアス」と言います。**

人の性格を判断するときにも起こる

　確証バイアスは対人場面でも起きます。たとえば「取引先の人は社交的な性格だ」と同僚から聞かされていると、実際に会ったときに「この人は社交的だろう」という自分の仮説と一致する言動に着目しやすくなります（「向こうから積極的に話しかけてくる」など）。

　ある実験では、初対面の相手が自分の仮説通り内向的な人かを調べるとき、参加者は**仮説を裏づける答えが得られそうな質問を優先的に選ぶ**ことが確かめられています（「人に心を開くのが難しいのはどんなとき?」など）[2]。

自分の意見を支持する情報だけに目を向けがちです。

クローズアップ!　**認知バイアス実験**

ウェイソンの2・4・6課題

心理学者ピーター・ウェイソンが行った実験では、参加者に「2・4・6」の3つの数字を見せ、「この数字は、ある規則に従って並んでいます。その規則を見つけてください」と出題しました（正解は「昇順の並び」）。そして、自分が考えた規則の正しさを検証するために、数字の並びを新たにつくるように求めました。正解するためには、自分が立てた仮説に反する証拠も必要ですが、多くの参加者は仮説に一致する証拠を優先的に集めがちでした[3]。

真 偽
TRUE OR FALSE

何度も聞いていると真実に思えてくる

真実性の錯覚

**くり返し聞くと
本当に思えてくる？**

初めて聞いたときには確信が持てなかった話
でも、同じ話を何度も聞くうちに、その人の
中で徐々に真実味が増す傾向があります。

▷ 「本当だ」と思うのはどんなとき？

　真偽が不明の話でも、あちこちで同じ話を聞いているうちに、「どうやら本当らしい」という確信が強まった経験はないでしょうか？　その情報が実際に正しいか間違っているかに関係なく、**同じ情報にくり返し触れると、その情報が真実であるように感じられる**ことを、「真実性の錯覚」と言います。

〇〇〇らしいよ！

そうなんだ！

▷ くり返し聞くと本当らしく思えるのはナゼ？

　ある実験では、参加者に対して、一般常識などに関するもっともらしい60個の情報を聞かせる課題を、2週間おきに3回行いました。聞かせた60個の情報のうち、20個は3回とも同じものでしたが、残りの40個は各回で異なりました。その結果、情報の真偽にかかわらず、**くり返し聞かせた情報は、1回しか聞かせていない情報よりも、参加者に、より本当らしいと判断**されました[*1]。

　同じ対象にくり返し触れると、その対象をしだいに好ましく感じるようになる「単純接触効果」（P.29）と同様に、「真実性の錯覚」も、くり返し同じ情報に触れるうちに、その情報の処理が容易になることが原因で生じると考えられています。

クローズアップ！　**認知バイアス実験**

フェイクニュースを信じてしまうワケ

SNS 上には、嘘やデマ、陰謀論、誤情報などの「フェイクニュース」が多く見られます。こうしたフェイクニュースを信じる背景には、真実性の錯覚の影響があると考えられています。フェイクニュースを題材にしたある実験では、フェイクニュースの見出しをくり返し目にするだけで、その見出しの主張を事実だと判断しやすくなることが示されました。見出しに「虚偽の疑いがある」という警告を付けて注意喚起をしても、この傾向は変わりませんでした[*2]。

結論がもっともらしいならプロセスは気にしない

信念バイアス

考えて
？
みよう

2つの前提が正しい場合、
次の結論は論理的に導き出せるでしょうか。

例題1

「大富豪は働き者ではない」
「金持ちの中には働き者もいる」
この2つの前提が正しい場合、
「大富豪が金持ちではないこともある」
という結論は論理的に導き出せますか?

A はい

B いいえ

例題2

「依存性がある商品は安くない」
「タバコの中には安いものもある」
この2つの前提が正しい場合、
「依存性がある商品がタバコではないこともある」
という結論は論理的に導き出せますか？

A **はい**

B **いいえ**

▷ 信じられる結論かどうかが重要

2つの例題に、あなたはどのように答えましたか？

例題1と2は、いずれも問題の構造は同じで、「いいえ（その結論は論理的に導き出せない）」を選ぶのが正解です。しかし、ある実験で同様の問題を出したところ、例題1と2で、正答率が大きく異なっていました。

例題1の「大富豪が金持ちではないこともある」のように、**「信じがたい結論」が示された場合は、正解の「いいえ」を選ぶ人は8割程度**でした。一方、例題2の「依存性がある商品がタバコではないこともある」のように**「信じられる結論」が示された場合は、正解の「いいえ」を選ぶ人は3割程度**に留まりました[*1]。

▷ 結論だけで判断するのは危険

私たちは、容易に信じられる、納得がいく結論を示されると、その結論に至るまでの「論理的推論の妥当性」を高く評価します。一方、信じられない、納得がいかない結論を示されると、論理的推論の妥当性を低く評価します。これを「信念バイアス」と言います。

仕事などでより適切な判断をするためには、結論だけを見ずに、その結論が導き出されるまでのプロセスが理にかなっているかも、よく吟味する必要があります。しかし私たちは、**「結論が納得できるものであれば、そのプロセスも妥当である」**と短絡的に判断しやすいようです。

真偽
TRUE OR FALSE

バーナム効果

考えて
?
みよう

あなたは、こんな性格ではありませんか？
当てはまる項目にチェックを入れてください。

当たってる！

当てはまる or 当てはまらない?

☐ わりと誰とでも合わせることができる

☐ たまに慎重になりすぎて用心深くなることがある

☐ どちらかといえばものごとを多角的に分析するほうだ

☐ 夢中になるとほかのことが目に入らないことがある

☐ 時々あれこれ考えすぎてしまうことがある

誰に対しても何かをもたらす

　左ページの中で、自分に当てはまると感じた項目はいくつありましたか？　実はどの項目も曖昧な表現を使って、誰にでも、ある程度当てはまるような内容にしています。

　人は、占いなど自分の性格が診断されるような場面で、他者から曖昧で一般的な記述や発言をされると、**「自分の性格を表している」と受け入れる**傾向があります。この現象は、アメリカでサーカスなどの興行を成功させたP・T・バーナム氏が、「誰に対しても何かをもたらす」と言ったことにちなんで「バーナム効果」と付けられました。

同じ内容なのに、個別に渡されると…

　ある実験で、学生に性格などに関する検査をしました。1週間後、学生は自分の名前の入った検査結果を渡され、その内容がどの程度自分の性格を表しているかを、0から5までの6段階で評価するように求められました。検査結果には「外向的で愛想がよく社交的なときもあれば、内向的で警戒心が強く控えめなときもあります」「外面は規律正しく自制心がありますが、内面は心配性で不安定な傾向があります」などの内容が含まれていました。

　実は、これらの検査結果は全員同じ内容で、実験者が星占いの本から引用してきたものでした。ところが、ほとんどの学生の評価は4以上で、**同じ内容なのに、個別に渡されると「自分の性格を表している」**と評価したのです[1]。

マイペースに見えるけど、実は周りに気を遣う人だよね

わかってくれてる！

性格について診断されると、「確かに！」と思ってしまうことがあります。

クローズアップ！　**認知バイアス実験**

自分に好意的な内容は受け入れやすい

バーナム効果をめぐっては多くの研究が行われています。それらの研究結果を総合すると、「あなたの」と特定されたり、自分にとって好意的な内容だったりすると、その性格描写は正しいと捉えられ、より受け入れられることがわかりました。また好ましくない内容は、地位の高い人から伝えられると受け入れられやすくなる傾向がありました[2]。

期待をかければ伸びる

ピグマリオン効果

ビジネスマンも目をかければ成果を上げる!?

「君たちならできる」「能力がある」など、上司が部下を信じている態度や行動が伝わると、それが真実になることがあります。

🔗 関連する認知バイアス

ホーソン効果

どんな要因が生産性を高めるのか、アメリカのホーソン工場で実験したところ、照明や報酬など何を変えても生産性が向上しました。詳しく調べると、従業員は自分の工場が検証の現場に選ばれたことで、「注目されている」と感じて行動を変えたことがわかりました。「注目されている」という意識によっても行動が変わるということです[3]。

▷ 教師の期待は生徒の成績に影響する

　心理学者ロバート・ローゼンタールらは、1960年代に、期待による教師の意識変化が生徒の成績に影響することを報告しました。実験では教師に「クラスの一部の生徒は、あるテスト結果から、早期に成績が伸びることが予想されている」と告げておきます。実はこの生徒たちはランダムに選ばれただけで、テスト結果も偽りのものでしたが、その後の成績は実際に向上しました[1]。これは、**教師が期待に応じて生徒への態度や行動を変えたことによって、結果、生徒が期待された通りの成果を出した**と考えられています。

　この現象は、ギリシャ神話に出てくるピグマリオン王が自ら彫刻した女性に恋をして、願い続けた結果、ついには願い通りに彫刻が人間になったという話にちなんで、「ピグマリオン効果」と呼ばれています。

▷ よくも悪くも、期待された通りになる

　先の実験には、検証時の方法などをめぐってさまざまな批判があるようです。しかし、期待を伴う行動がポジティブな効果を生むという考え方が、教育やビジネスの現場になじむこともあり、よく話題に取り上げられます。

　ピグマリオン効果は、ネガティブな方向に生じることもあります。誰かがある人に対して**「失敗するに違いない」**と思っていると、そう思われた人は本当に成績が下がったり、失敗したりすることが報告されています[2]。

第6章 真偽

183

文脈効果

考えて
？
みよう

真ん中の文字はなんと読むでしょう？

例題1

A
12 13 14
C

例題2

C
T H E
T

縦に読むときと横に読むときで、自然と違う文字に見えます。

▷ 文脈が違うと見え方が変わる

　左ページの例題1では、縦に読むと「A、B、C」、横に読むと「12、13、14」と見えるのではないでしょうか。つまり中央の文字は「B」に見えたり「13」に見えたりします。例題2も、縦に読むと「CAT」、横に読むと「THE」と読め、中央の文字が周囲の情報によって「A」や「H」に見えます。

　人の知覚や認知が、先行する情報や、あとに続く情報との関係性によって変わることを「文脈効果」と言います。情報を処理する場面によって、会話や風景、人、物、音など、さまざまなものが文脈になりえます。たとえば会話の中で、「キカイ」が「機械」か「機会」かのどちらを指すかはっきりしない場合、それぞれの人の文脈（頭に浮かんだ状況など）で理解することになります。

▷ 文脈は意思決定にも影響する

　文脈は消費者の選択行動にも影響することがあります。その1つに「魅力効果」（P.106「おとり効果」の一種）があります。これは、品質と値段がともに高い商品Aと、ともに低い商品Bの二択しかないときに比べて、Aと値段は同じなのに品質が少し劣る商品Cが選択肢に入ることによって、Aの魅力が引き立ちAが選ばれやすくなるというものです[*1]。

　販売戦略においても、どの場面でどの文脈を用いるかは、収益にかかわる要因の1つとして議論されています。

同じ話をしているつもりでも、お互いの文脈が違うと、会話がすれ違うことがあります。

🔗 関連する認知バイアス

プライミング効果

文脈効果に近い概念に、「プライミング効果」があります。たとえば、「バ○○ス」の○に文字を入れて単語を完成させるときに、事前に「バイアス」の単語に触れていた場合は、触れていなかった場合に比べて正答までの時間が速くなったり、正答しやすくなったりします。先行する情報処理があとに続く情報処理に影響することを、プライミング効果と言います。

引用文献

◆第1章　記憶

虚記憶　(P.16-)
1 宮地 弥生・山 祐嗣 (2002). 高い確率で虚記憶を生成するDRMパラダイムのための日本語リストの作成 基礎心理学研究, 21, 21-26.
2 Loftus, E. (1997). Creating false memories. *Scientific American*, 277, 70-75.
3 越智 啓太 (2014). つくられる偽りの記憶:あなたの思い出は本物か？ DOJIN選書

気分一致効果　(P.18-)
1 Snyder, M., & White, P. (1982). Moods and memories: Elation, depression, and the remembering of the events of one's life. *Journal of Personality*, 50, 149-167.
2 Eich, J. E. (1980). The cue-dependent nature of state-dependent retrieval. *Memory & Cognition*, 8, 157-173.

事後情報効果　(P.20-)
1 Loftus, E. F., & Palmer, J. C. (1974). Reconstruction of automobile destruction: An example of the interaction between language and memory. *Journal of Verbal Learning and Verbal Behavior*, 13, 585-589.

バラ色の回顧　(P.22-)
1 Mitchell, T. R., Thompson, L., Peterson, E., & Cronk, R. (1997). Temporal adjustments in the evaluation of events: The "Rosy View". *Journal of Experimental Social Psychology*, 33, 421-448.
2 Walker, W. R., Vogl, R. J., & Thompson, C. P. (1997). Autobiographical memory: Unpleasantness fades faster than pleasantness over time. *Applied Cognitive Psychology*, 11, 399-413.

ツァイガルニック効果　(P.24-)
1 Zeigarnik, B. (1938). On finished and unfinished tasks. In W. D. Ellis (Ed.), *A source book of Gestalt psychology* (pp. 300-314). Kegan Paul, Trench, Trubner & Company.

後知恵バイアス　(P.26-)
1 Fischhoff, B., & Beyth, R. (1975). I knew it would happen. *Organizational Behavior and Human Performance*, 13, 1-16.
2 Yama, H., Akita, M., & Kawasaki, T. (2021). Hindsight bias in judgments of the predictability of flash floods: An experimental study for testimony at a court trial and legal decision making. *Applied Cognitive Psychology*, 35, 711-719.

有名性効果　(P.28-)
1 Jacoby, L. L., Kelley, C., Brown, J., & Jasechko, J. (1989). Becoming famous overnight: Limits on the ability to avoid unconscious influences of the past. *Journal of Personality and Social Psychology*, 56, 326-338.
2 Zajonc, R. B. (1968). Attitudinal effects of mere exposure. *Journal of Personality and Social Psychology*, 9 (2, Pt.2), 1-27.

レミニセンス・バンプ　(P.30-)
1 Janssen, S., Chessa, A., & Murre, J. (2005). The reminiscence bump in autobiographical memory: Effects of age, gender, education, and culture. *Memory*, 13, 658-668.

ラベリング効果　(P.32-)
1 Carmichael, L., Hogan, H. P., & Walter, A. A. (1932). An experimental study of the effect of language on the reproduction of visually perceived form. *Journal of Experimental Psychology*, 15, 73-86.

自己関連付け効果　(P.34-)
1 Craik, F. I. M., & Tulving, E. (1975). Depth of processing and the retention of words in episodic memory. *Journal of Experimental Psychology: General*, 104, 268-294.
2 Rogers, T. B., Kuiper, N. A., & Kirker, W. S. (1977). Self-reference and the encoding of personal information. *Journal of Personality and Social Psychology*, 35, 677-688.

皮肉なリバウンド効果　(P.36-)
1 Wegner, D. M., Schneider, D. J., Carter, S. R., & White, T. L. (1987). Paradoxical effects of thought suppression. *Journal of Personality and Social Psychology*, 53, 5-13.
2 Wegner, D. M. (2011). Setting free the bears: Escape from thought suppression. *American Psychologist*, 66, 671-680.

圧縮効果　(P.38-)
1 Janssen, S. M. J., Chessa, A. G., & Murre, J. M. J. (2006). Memory for time: How people date events. *Memory & Cognition*, 34, 138-147.

グーグル効果　(P.40-)
1 Sparrow, B., Liu, J., & Wegner, D. M. (2011). Google effects on memory: Cognitive consequences of having information at our fingertips. *Science*, 333, 776-778.
2 Johnson, M. K., Hashtroudi, S., & Lindsay, D. S. (1993). Source monitoring. *Psychological Bulletin*, 114, 3-28.

初頭効果　(P.42-)
1 Glanzer, M., & Cunitz, A. R. (1966). Two storage mechanisms in free recall. *Journal of Verbal Learning & Verbal Behavior*, 5, 351-360.

ピーク・エンドの法則　(P.44-)
1 Redelmeier, D. A., & Kahneman, D. (1996). Patients' memories of painful medical treatments: Real-time and retrospective evaluations of two minimally invasive procedures. *Pain*, 66, 3-8.
2 Kahneman, D., Fredrickson, B. L., Schreiber, C. A., & Redelmeier, D. A. (1993). When more pain is preferred to less: Adding a better end. *Psychological Science*, 4, 401-405.

一貫性バイアス　(P.46-)
1 Allgeier, A. R., Byrne, D., Brooks, B., & Revnes, D. (1979). The waffle phenomenon: Negative evaluations of those who shift attitudinally. *Journal*

of Applied Social Psychology, 9, 170–182.

2 Ross, M. (1989). Relation of implicit theories to the construction of personal histories. Psychological Review, 96, 341–357.

3 チャルディーニ, R. B. 社会行動研究会 (訳)(2014). 影響力の武器 —なぜ、人は動かされるのか— (第三版) 誠信書房

◆第2章 推定

代表性ヒューリスティック (P.50-)
1 Tversky, A., & Kahneman, D. (1983). Extensional versus intuitive reasoning: The conjunction fallacy in probability judgment. Psychological Review, 90, 293–315.

利用可能性ヒューリスティック (P.52-)
1 Tversky, A., & Kahneman, D. (1973). Availability: A heuristic for judging frequency and probability. Cognitive Psychology, 5, 207–232.
2 Schwarz, N., Bless, H., Strack, F., Klumpp, G., Rittenauer-Schatka, H., & Simons, A. (1991). Ease of retrieval as information: Another look at the availability heuristic. Journal of Personality and Social Psychology, 61, 195–202.

アンカリング (P.54-)
1 Tversky, A., & Kahneman, D. (1974). Judgment under uncertainty: Heuristics and biases. Science, 185, 1124–1131.

計画錯誤 (P.56-)
1 Buehler, R., Griffin, D., & Ross, M. (1994). Exploring the "planning fallacy": Why people underestimate their task completion times. Journal of Personality and Social Psychology, 67, 366–381.
2 村田 光二・高木 彩・高田 雅美・藤島 喜嗣 (2007). 計画錯誤の現場研究: 活動の過大視、障害想像の効果、時間厳守性との関係 一橋社会科学, 2, 191–214.

ギャンブラー錯誤 (P.58-)
1 Tversky, A., & Kahneman, D. (1971). Belief in the law of small numbers. Psychological Bulletin, 76, 105–110.

2 Tversky, A., & Kahneman, D. (1982). Evidential impact of base rates. In D. Kahneman, P. Slovic, & A. Tversky (Eds.), Judgment under Uncertainty: Heuristics and Biases (pp. 153–160). Cambridge University Press.

インパクト・バイアス (P.60-)
1 Brickman, P., Coates, D., & Janoff-Bulman, R. (1978). Lottery winners and accident victims: Is happiness relative? Journal of Personality and Social Psychology, 36, 917–927.
2 Gilbert, D. T., Pinel, E. C., Wilson, T. D., Blumberg, S. J., & Wheatley, T. P. (1998). Immune neglect: A source of durability bias in affective forecasting. Journal of Personality and Social Psychology, 75, 617–638.

コントロールの錯覚 (P.62-)
1 Skinner, B. F. (1948). "Superstition" in the pigeon. Journal of Experimental Psychology, 38, 168–172.

妥当性の錯覚 (P.64-)
1 Kahneman, D., & Tversky, A. (1973). On the psychology of prediction. Psychological Review, 80, 237–251.

透明性の錯覚 (P.66-)
1 Gilovich, T., Savitsky, K., & Medvec, V. H. (1998). The illusion of transparency: Biased assessments of others' ability to read one's emotional states. Journal of Personality and Social Psychology, 75, 332–346.
2 Pronin, E., Kruger, J., Savtisky, K., & Ross, L. (2001). You don't know me, but I know you: The illusion of asymmetric insight. Journal of Personality and Social Psychology, 81, 639–656.

外集団同質性効果 (P.68-)
1 Quattrone, G. A., & Jones, E. E. (1980). The perception of variability within in-groups and out-groups: Implications for the law of small numbers. Journal of Personality and Social Psychology, 38, 141–152.
2 Tajfel, H., & Wilkes, A. L. (1963). Classification

and quantitative judgement. British Journal of Psychology, 54, 101–114.

楽観性バイアス (P.70-)
1 Sharot, T. (2011). The optimism bias. Current Biology, 21, R941-R945.
2 テイラー, S. E. 宮崎 茂子 (訳) (1998). それでも人は、楽天的な方がいい —ポジティブ・マインドと自己説得の心理— 日本教文社

知識の呪縛 (P.72-)
1 Newton, E.L. (1990). The rocky road from actions to intentions. [Doctoral dissertation, Stanford University]
2 Adamson, R. E. (1952). Functional fixedness as related to problem solving: A repetition of three experiments. Journal of Experimental Psychology, 44, 288–291.

ダニング=クルーガー効果 (P.74-)
1 Kruger, J., & Dunning, D. (1999). Unskilled and unaware of it: How difficulties in recognizing one's own incompetence lead to inflated self-assessments. Journal of Personality and Social Psychology, 77, 1121–1134.

貢献度の過大視 (P.76-)
1 Thompson, S. C., & Kelley, H. H. (1981). Judgments of responsibility for activities in close relationships. Journal of Personality and Social Psychology, 41, 469–477.
2 エプリー, N. 波多野 理彩子 (訳)(2017). 人の心は読めるか? —本音と誤解の心理学— 早川書房

ナイーブ・シニシズム (P.78-)
1 Kruger, J., & Gilovich, T. (1999). "Naive cynicism" in everyday theories of responsibility assessment: On biased assumptions of bias. Journal of Personality and Social Psychology, 76, 743–753.

スポットライト効果 (P.80-)
1 Gilovich, T., Medvec, V. H., & Savitsky, K. (2000). The spotlight effect in social judgment: An egocentric bias in estimates of the salience of one's

own actions and appearance. *Journal of Personality and Social Psychology*, 78, 211–222.

2 Gilovich, T., & Medvec, V. H. (1994). The temporal pattern to the experience of regret. *Journal of Personality and Social Psychology*, 67, 357–365.

フォールス・コンセンサス（P.82-）

1 Ross, L., Greene, D., & House, P. (1977). The "false consensus effect": An egocentric bias in social perception and attribution processes. *Journal of Experimental Social Psychology*, 13, 279–301.

2 Koudenburg, N., Postmes, T., & Gordijn, E. H. (2011). If they were to vote, they would vote for us. *Psychological Science*, 22, 1506–1510.

回帰の誤謬（P.84-）

1 ゼックミスタ, E. B., & ジョンソン, J. E. 宮元 博章・他（訳）(1996). クリティカルシンキング入門篇 北大路書房

2 カーネマン, D. 村井 章子（訳）(2014). ファスト&スロー（上）早川書房

利用可能性カスケード（P.86-）

1 Kuran, T., & Sunstein, C. R. (1999). Availability cascades and risk regulation. *Stanford Law Review*, 51, 683-768.

正常性バイアス（P.88-）

1 矢守 克也 (2009). 再論 - 正常化の偏見 実験社会心理学研究, 48, 137–149.

2 タレブ N. N. 望月 衛（訳）(2009). ブラック・スワン ―不確実性とリスクの本質― ダイヤモンド社

リスク補償（P.90-）

1 ワイルド, G. J. S. 芳賀 繁（訳）(2007). 交通事故はなぜなくならないか ―リスク行動の心理学― 新曜社

◆第3章　選択

現状維持バイアス（P.94-）

1 Tversky, A., & Kahneman, D. (1991). Loss aversion in riskless choice: A reference-dependent model. *The Quarterly Journal of Economics*, 106, 1039–1061.

フレーミング効果（P.96-）

1 McNeil, B. J., Pauker, S. G., Sox, H. C., & Tversky, A. (1982). On the elicitation of preferences for alternative therapies. *New England Journal of Medicine*, 306, 1259–1262.

2 Schwarz, N., Groves, R. M., & Schuman, H. (1998). Survey methods. In D. T. Gilbert, S. T. Fiske, & G. Lindzey (Eds.), *The handbook of social psychology* (4th ed., pp. 143–179). McGraw-Hill.

保有効果（P.98-）

1 Kahneman, D., Knetsch, J. L., & Thaler, R. H. (1990). Experimental tests of the endowment effect and the coase theorem. *Journal of Political Economy*, 98, 1325-1348.

2 Thaler, R. H. (1980). Toward a positive theory of consumer choice. *Journal of Economic Behavior & Organization*, 1, 39-60.

3 Knetsch, J. L. (2000). The endowment effect and evidence of nonreversible indifference curves. In D. Kahneman & A. Tversky (Eds.), *Choices, Values, and Frames* (1st ed., pp. 171–179). Cambridge University Press.

曖昧さ回避（P.100-）

1 Ellsberg, D. (1961). Risk, ambiguity, and the savage axioms. *The Quarterly Journal of Economics*, 75, 643–669.

2 Epstein, L. G. (1999). A definition of uncertainty aversion. *The Review of Economic Studies*, 66, 579–608.

サンクコスト効果（P.102-）

1 Arkes, H. R., & Blumer, C. (1985). The psychology of sunk cost. *Organizational Behavior and Human Decision Processes*, 35, 124–140.

2 Arkes, H. R., & Ayton, P. (1999). The sunk cost and Concorde effects: Are humans less rational than lower animals? *Psychological Bulletin*, 125, 591–600.

現在志向バイアス（P.104-）

1 O'Donoghue, T., & Rabin, M. (2015). Present bias: Lessons learned and to be learned. *American Economic Review*, 105, 273–279.

2 Bickel, W. K., Odum, A. L., & Madden, G. J. (1999). Impulsivity and cigarette smoking: Delay discounting in current, never, and ex-smokers. *Psychopharmacology*, 146, 447–454.

おとり効果（P.106-）

1 Huber, J., Payne, J. W., & Puto, C. (1982). Adding asymmetrically dominated alternatives: Violations of regularity and the similarity hypothesis. *Journal of Consumer Research*, 9, 90–98.

デフォルト効果（P.108-）

1 Johnson, E. J., & Goldstein, D. (2003). do defaults save lives? *Science*, 302, 1338-1339.

2 セイラー, R. H., & サンスティーン, C. R. 遠藤 真美（訳）(2009). 実践行動経済学 ―健康、富、幸福への聡明な選択― 日経BP社

身元のわかる犠牲者効果（p.110-）

1 Small, D. A., Loewenstein, G., & Slovic, P. (2007). Sympathy and callousness: The impact of deliberative thought on donations to identifiable and statistical victims. *Organizational Behavior and Human Decision Processes*, 102, 143–153.

2 Kogut, T., & Ritov, I. (2005). The "identified victim" effect: An identified group, or just a single individual? *Journal of Behavioral Decision Making*, 18, 157–167.

確実性効果（P.112-）

1 Tversky, A., & Kahneman, D. (1986). Rational choice and the framing of decisions. *The Journal of Business*, 59, S251–S278.

2 カーネマン, D. 村井 章子（訳）(2014). ファスト&スロー（下）早川書房

イケア効果（P.114-）

1 Norton, M. I., Mochon, D., & Ariely, D. (2012). The IKEA effect: When labor leads to love. *Journal of Consumer Psychology*, 22, 453–460.

2 アリエリー, D. 櫻井 祐子（訳）(2014). 不合理だからうまくいく ―行動経済学で「人を動かす」― 早川書房

メンタル・アカウンティング（P.116-）

1 Kahneman, D., & Tversky, A. (1984). Choices, values, and frames. *American Psychologist*, 39, 341–350.

2 小嶋 外弘・赤松 潤・濱 保久 (1983). 消費者心理の探求：心理的財布、その理論と実証 —消費者行動解明のための新しいカギ— Diamondハーバード・ビジネス, 8, 19-28.

権威バイアス (P.118-)

1 Bickman, L. (1974). The social power of a uniform. Journal of *Applied Social Psychology*, 4, 47–61.

2 Lefkowitz, M., Blake, R. R., & Mouton, J. S. (1955). Status factors in pedestrian violation of traffic signals. *The Journal of Abnormal and Social Psychology*, 51, 704–706.

3 ミルグラム, S. 山形 浩生 (訳) (2012). 服従の心理 河出書房新社

選択肢過多効果 (P.120-)

1 Iyengar, S. S., & Lepper, M. R. (2000). When choice is demotivating: Can one desire too much of a good thing? *Journal of Personality and Social Psychology*, 79, 995–1006.

2 Chernev, A., Böckenholt, U., & Goodman, J. (2015). Choice overload: A conceptual review and meta-analysis. *Journal of Consumer Psychology*, 25, 333–358.

3 Polman, E. (2012). Effects of self-other decision making on regulatory focus and choice overload. *Journal of Personality and Social Psychology*, 102, 980–993.

希少性バイアス (P.122-)

1 Driscoll, R., Davis, K. E., & Lipetz, M. E. (1972). Parental interference and romantic love: The Romeo and Juliet effect. *Journal of Personality and Social Psychology*, 24, 1–10.

2 チャルディーニ, R. B. 社会行動研究会 (訳)(2014). 影響力の武器 —なぜ、人は動かされるのか— (第三版) 誠信書房

3 Rosenberg, B. D., & Siegel, J. T. (2018). A 50-year review of psychological reactance theory: Do not read this article. *Motivation Science*, 4, 281–300.

単位バイアス (P.124-)

1 Geier, A. B., Rozin, P., & Doros, G. (2006). Unit bias: A new heuristic that helps explain the effect of portion size on food intake. *Psychological Science*, 17, 521–525.

2 Marchiori, D., Waroquier, L., & Klein, O. (2011). Smaller food item sizes of snack foods influence reduced portions and caloric intake in young adults. *Journal of the American Dietetic Association*, 111, 727–731.

◆第4章 信念

ネガティビティ・バイアス (P.128-)

1 Rozin, P., & Royzman, E. B. (2001). Negativity bias, negativity dominance, and contagion. *Personality and Social Psychology Review*, 5, 296–320.

2 Pierce, B. H., & Kensinger, E. A. (2011). Effects of emotion on associative recognition: Valence and retention interval matter. *Emotion*, 11, 139–144.

3 Mather, M., & Carstensen, L. L. (2005). Aging and motivated cognition: The positivity effect in attention and memory. *Trends in Cognitive Sciences*, 9, 496–502.

不作為バイアス (P.130-)

1 Spranca, M., Minsk, E., & Baron, J. (1991). Omission and commission in judgment and choice. *Journal of Experimental Social Psychology*, 27, 76–105.

2 Hayashi, H., & Mizuta, N. (2022). Omission bias in children's and adults' moral judgments of lies. *Journal of experimental child psychology*, 215, 105320.

3 Ritov, I., & Baron, J. (1990). Reluctance to vaccinate: Omission bias and ambiguity. *Journal of Behavioral Decision Making*, 3, 263–277.

4 モスコウィッツ, T. J., & ワーサイム, L. J. 望月 衛 (訳) (2012). オタクの行動経済学者、スポーツの裏側を読み解く ダイヤモンド社

バックファイア効果 (P.132-)

1 Nyhan, B., & Reifler, J. (2010). When corrections fail: The persistence of political misperceptions. *Political Behavior*, 32, 303–330.

2 Wood, T., & Porter, E. (2019). The elusive backfire effect: Mass attitudes' steadfast factual adherence. *Political Behavior*, 41, 135–163.

3 Allen, M. (1991). Meta-analysis comparing the persuasiveness of one-sided and two-sided messages. *Western Journal of Speech Communication*, 55, 390–404.

バンドワゴン効果 (P.134-)

1 Marsh, C. (1985). Back on the bandwagon: The effect of opinion polls on public opinion. *British Journal of Political Science*, 15, 51-74.

2 Leibenstein, H. (1950). Bandwagon, snob, and veblen effects in the theory of consumers' demand. *The Quarterly Journal of Economics*, 64, 183–207.

ゼロサム・バイアス (P.136-)

1 Meegan, D. (2010). Zero-sum bias: Perceived competition despite unlimited resources. *Frontiers in Psychology*, 1, Article 191.

2 Esses, V. M., Dovidio, J. F., Jackson, L. M., & Armstrong, T. L. (2001). The Immigration dilemma: The role of perceived group competition, ethnic prejudice, and national identity. *Journal of Social Issues*, 57, 389–412.

第三者効果 (P.138-)

1 Davison, W. P. (1983). The third-person effect in communication. *Public Opinion Quarterly*, 47, 1–15.

2 Sun, Y., Pan, Z., & Shen, L. (2008). Understanding the third-person perception: Evidence from a meta-analysis. *Journal of Communication*, 58, 280–300.

ナイーブ・リアリズム (P.140-)

1 Ross, L., & Ward, A. (1996). Naive realism in everyday life: Implications for social conflict and misunderstanding. In E. S. Reed, E. Turiel, & T. Brown (Eds.), *Values and knowledge* (pp. 103–135). Lawrence Erlbaum Associates.

2 Hastorf, A. H., & Cantril, H. (1954). They saw a game: A Case study. *The Journal of Abnormal and Social Psychology*, 49, 129–134.

敵対的メディア認知 (P.142-)

1 Vallone, R. P., Ross, L., & Lepper, M. R. (1985). The hostile media phenomenon: Biased perception and perceptions of media bias in coverage of the Beirut massacre. *Journal of Personality and Social Psychology*, 49, 577–585.

2 Hansen, G. J., & Kim, H. (2011). Is the media biased against me? A meta-analysis of the hostile media effect research. *Communication Research Reports*, 28, 169–179.

3 Cappella, J. N., & Jamieson, K. H. (1996). News frames, political cynicism, and media cynicism. *The Annals of the American Academy of Political and Social Science*, 546, 71–84.

4 李 光鎬 (2019). 敵意的メディア認知とメディアシニシズム ―韓国社会におけるその実態の把握― メディア・コミュニケーション：慶応義塾大学メディア・コミュニケーション研究所紀要, 69, 85-95.

ステレオタイプ (P.144-)

1 ゼックミスタ, E. B., & ジョンソン, J. E. 宮元 博章・他 (訳) (1996). クリティカルシンキング入門篇 北大路書房

2 Fiske, S. T., Cuddy, A. J. C., Glick, P., & Xu, J. (2002). A model of (often mixed) stereotype content: Competence and warmth respectively follow from perceived status and competition. *Journal of Personality and Social Psychology*, 82, 878–902.

3 Cuddy, A. J. C., Fiske, S. T., Kwan, V. S. Y., et al. (2009). Stereotype content model across cultures: Towards universal similarities and some differences. *British Journal of Social Psychology*, 48, 1–33.

モラル・ライセンシング (P.146-)

1 Jordan, J., Mullen, E., & Murnighan, J. K. (2011). Striving for the moral self: The effects of recalling past moral actions on future moral behavior. *Personality and Social Psychology Bulletin*, 37, 701–713.

2 Khan, U., & Dhar, R. (2006). Licensing effect in consumer choice. *Journal of Marketing Research*, 43, 259–266.

ハロー効果 (P.148-)

1 Thorndike, E. L. (1920). A constant error in psychological ratings. *Journal of Applied Psychology*, 4, 25–29.

2 Sigall, H., & Ostrove, N. (1975). Beautiful but dangerous: Effects of offender attractiveness and nature of the crime on juridic judgment. *Journal of Personality and Social Psychology*, 31, 410–414.

平均以上効果 (P.150-)

1 Myers, D. G. (2010). *Social psychology* (10th ed.). McGraw-Hill.

2 Chambers, J. R., & Windschitl, P. D. (2004). Biases in social comparative judgments: The role of nonmotivated factors in above-average and comparative-optimism effects. *Psychological Bulletin*, 130, 813–838.

3 Kruger, J. (1999). Lake Wobegon be gone! The "below-average effect" and the egocentric nature of comparative ability judgments. *Journal of Personality and Social Psychology*, 77, 221–232.

ナンセンスな数式効果 (P.152-)

1 Eriksson, K. (2012). The nonsense math effect. *Judgment and Decision Making*, 7, 746–749.

◆第5章　因果

誤帰属 (P.156-)

1 Dutton, D. G., & Aron, A. P. (1974). Some evidence for heightened sexual attraction under conditions of high anxiety. *Journal of Personality and Social Psychology*, 30, 510–517.

2 Meston, C. M., & Frohlich, P. F. (2003). Love at first fright: Partner salience moderates roller-coaster-induced excitation transfer. *Archives of Sexual Behavior*, 32, 537–544.

偽薬効果 (P.158-)

1 Yetman, H. E., Cox, N., Adler, S. R., Hall, K. T., & Stone, V. E. (2021). What do placebo and nocebo effects have to do with health equity? The hidden toll of nocebo effects on racial and ethnic minority patients in clinical care. *Frontiers in Psychology*, 12, Article 788230.

2 Colloca, L., & Barsky, A. J. (2020). Placebo and nocebo effects. *New England Journal of Medicine*, 382, 554–561.

自己奉仕バイアス (P.160-)

1 Miller, D. T., & Ross, M. (1975). Self-serving biases in the attribution of causality: Fact or fiction? *Psychological Bulletin*, 82, 213–225.

2 Bradley, G. W. (1978). Self-serving biases in the attribution process: A reexamination of the fact or fiction question. *Journal of Personality and Social Psychology*, 36, 56–71.

3 Markus, H. R., & Kitayama, S. (1991). Culture and the self: Implications for cognition, emotion, and motivation. *Psychological Review*, 98, 224–253.

行為者-観察者バイアス (P.162-)

1 Jones, E. E., & Nisbett, R. E. (1987). The actor and the observer: Divergent perceptions of the causes of behavior. *Attribution: Perceiving the causes of behavior* (pp. 79–94). Lawrence Erlbaum Associates.

2 Regan, D. T., & Totten, J. (1975). Empathy and attribution: Turning observers into actors. *Journal of Personality and Social Psychology*, 32, 850–856.

内集団バイアス (P.164-)

1 Tajfel, H., Billig, M. G., Bundy, R. P., & Flament, C. (1971). Social categorization and intergroup behaviour. *European Journal of Social Psychology*, 1, 149–178.

2 Marques, J. M., Yzerbyt, V. Y., & Leyens, J.-P. (1988). The "Black Sheep Effect": Extremity of judgments towards ingroup members as a function of group identification. *European Journal of Social Psychology*, 18, 1–16.

被害者非難 (P.166-)

1 Lerner, M. J., & Simmons, C. H. (1966). Observer's reaction to the "innocent victim": Compassion or rejection? *Journal of Personality and Social Psychology*, 4, 203–210.

基本的な帰属のエラー (P.168-)

1 Ross, L. D., Amabile, T. M., & Steinmetz, J. L. (1977).

Social roles, social control, and biases in social-perception processes. *Journal of Personality and Social Psychology*, 35, 485–494.

2 Morris, M. W., & Peng, K. (1994). Culture and cause: American and Chinese attributions for social and physical events. *Journal of Personality and Social Psychology*, 67, 949–971.

◆第6章 真偽

錯誤相関（P.172-）

1 Hamilton, D. L., & Sherman, S. J. (1989). Illusory correlations: Implications for stereotype theory and research. In D. Bar-Tal, C. F. Graumann, A. W. Kruglanski, & W. Stroebe (Eds.), *Stereotyping and prejudice: Changing conceptions* (pp. 59–82). Springer.

2 高橋 将宜 (2022). 統計的因果推論の理論と実装 —潜在的結果変数と欠測データ— 共立出版

確証バイアス（P.174-）

1 Johnson-Laird, P. N., & Wason, P. C. (1970). A theoretical analysis of insight into a reasoning task. *Cognitive Psychology*, 1, 134–148.

2 Snyder, M., & Swann, W. B. (1978). Hypothesis-testing processes in social interaction. *Journal of Personality and Social Psychology*, 36, 1202–1212.

3 Wason, P. C. (1960). On the failure to eliminate hypotheses in a conceptual task. *Quarterly Journal of Experimental Psychology*, 12, 129–140.

真実性の錯覚（P.176-）

1 Hasher, L., Goldstein, D., & Toppino, T. (1977). Frequency and the conference of referential validity. *Journal of Verbal Learning and Verbal Behavior*, 16, 107–112.

2 Pennycook, G., Cannon, T. D., & Rand, D. G. (2018). Prior exposure increases perceived accuracy of fake news. *Journal of Experimental Psychology: General*, 147, 1865–1880.

信念バイアス（P.178-）

1 Morley, N. J., Evans, J. S. B. T., & Handley, S. J. (2004). Belief bias and figural bias in syllogistic

reasoning. *The Quarterly journal of experimental psychology A, Human experimental psychology*, 57, 666–692.

バーナム効果（P.180-）

1 Forer, B. R. (1949). The fallacy of personal validation: A classroom demonstration of gullibility. *The Journal of Abnormal and Social Psychology*, 44, 118–123.

2 Dickson, D. H., & Kelly, I. W. (1985). The 'Barnum effect' in personality assessment: A review of the literature. *Psychological Reports*, 57, 367–382.

ピグマリオン効果（P.182-）

1 Rosenthal, R., & Jacobson, L. (1968). Pygmalion in the classroom. *The Urban Review*, 3, 16–20.

2 Babad, E. Y., Inbar, J., & Rosenthal, R. (1982). Pygmalion, Galatea, and the Golem: Investigations of biased and unbiased teachers. *Journal of Educational Psychology*, 74, 459–474.

3 McCarney, R., Warner, J., Iliffe, S., van Haselen, R., Griffin, M., & Fisher, P. (2007). The Hawthorne Effect: A randomised, controlled trial. *BMC Medical Research Methodology*, 7, 30.

文脈効果（P.184-）

1 Rooderkerk, R. P., Van Heerde, H. J., & Bijmolt, T. H. A. (2011). Incorporating context effects into a choice model. *Journal of Marketing Research*, 48, 767–780.

監修

池田まさみ
2001年、お茶の水女子大学大学院人間文化研究科博士課程修了。
現在は十文字学園女子大学教育人文学部心理学科教授、博士（学術）。
専門分野は認知心理学、実験心理学、発達教育工学。

森 津太子
1998年、お茶の水女子大学大学院人間文化研究科博士課程単位取得満
期退学。
現在は放送大学教養学部心理と教育コース教授、博士（人文科学）。
専門分野は社会心理学、認知心理学。

高比良美詠子
2001年、お茶の水女子大学大学院人間文化研究科博士課程単位取得満
期退学。
現在は立正大学心理学部対人・社会心理学科教授、博士（人文科学）。
専門分野は社会心理学、ポジティブ心理学。

宮本康司
2006年、東京工業大学大学院生命理工学研究科博士課程修了。
現在は東京家政大学家政学部環境教育学科准教授、博士（理学）。
専門分野は行動科学、科学教育学、環境教育学。

【錯思コレクション100】
https://www.jumonji-u.ac.jp/sscs/ikeda/cognitive_bias/
本書の監修者4人が主な認知バイアスを100個紹介しているサイト。
気軽に楽しめる例題と、エビデンスに基づいた解説で、認知バイアスに
ついてより深く知ることができる。

イラストでサクッとわかる！ 認知バイアス
誰もが陥る思考の落とし穴80

2023年3月7日　第1刷発行

監修	池田まさみ　森 津太子　高比良美詠子　宮本康司
発行者	鈴木勝彦
発行所	株式会社プレジデント社
	〒102-8641　東京都千代田区平河町2-16-1
	平河町森タワー13階
	https://www.president.co.jp/
	電話　編集 (03)3237-3732
	販売 (03)3237-3731
販売	桂木栄一　高橋 徹　川井田美景　森田 巌　末吉秀樹
	榛村光哲
編集	工藤隆宏
制作	関 結香
印刷・製本	萩原印刷株式会社